TEE

YET FOR DAYS·O'AVLD
125gr Net

Roland Gööck

TEE

Mit 50 berühmten Rezepten
aus aller Welt,
exklusiv für dieses Buch
fotografiert von
Hans Joachim Döbbelin

SIGLOCH
EDITION

Rechts: „Abwarten und Tee trinken" oder „Tee trinken und abwarten": es ist gleich, welche Version dieses aus Ostpreußen stammenden Spruches Sie bevorzugen. Beide kommentieren die Gelassenheit des gastfreundlichen Marokkaners treffend und deuten auch an, was den Tee von allen anderen Getränken unterscheidet. Eine jahrtausendealte feierliche Verehrung und ein Zeremoniell, das in der Geschichte der Getränke seinesgleichen nicht kennt. Im Geschmack des Tees, so der japanische Teeweise Kakuzo Okakura, „liegt ein feiner Zauber, der ihn unwiderstehlich und für eine Idealisierung geeignet macht". Er sei „das Getränk der Weisen, der Schweigsamen und Ausgewogenen, der Empfindsamen und Geduldigen, der Trank der Menschen, die leise über sich selbst lächeln und mit lächelnder Ironie über die Unvollkommenheiten des Lebens hinwegsehen können".

Sigloch Edition & Co., Lettenstrasse 3, CH-6343 Rotkreuz/ Zug
Verlagsleitung: Hans Kalis

Redaktion und Herstellung: Friedhelm Messow und Michael Sanny, Sigloch Edition, Künzelsau
Reproduktion: PHG Lithos, Martinsried
Satz: Setzerei Lihs, Ludwigsburg
Druck: Graphische Betriebe Eberl, Immenstadt
Papier: 135 g/qm BVS der Papierfabrik Scheufelen, Lenningen
Bindearbeiten: Sigloch Buchbinderei, Künzelsau
ISBN 3-89393-019-1

5000 Jahre Teegeschichte

Seit über fünf Jahrtausenden, so nimmt man heute an, ist der grüne, später auch schwarze Tee in Asien bekannt, seit drei Jahrtausenden als Kult- und Kulturgetränk. Über die Heimat des Teestrauchs können sich die Fachleute noch nicht einigen: Sind nun die Hochländer von Südwestchina, Nordbirma und Ostindien als Ursprungsgebiete zu sehen, oder hat sich die Teepflanze von dem indischen Assam aus nach China ausgebreitet? „Drei Komponenten sind es, die die einzigartige Faszination von Tee ausmachen", faßt das Deutsche Teebüro in Hamburg zusammen: „Die belebende, konzentrationsfördernde Wirkung, die anregt ohne aufzuregen. Der wohltuende, beruhigende Effekt für Magen und Darm. Und das einzigartige Aroma, das sich Sorte für Sorte, Zubereitungsart für Zubereitungsart verschwenderisch entfaltet." Nach dem Wasser ist der Tee das am weitesten verbreitete Getränk der Welt: „Es gibt in der Pflanzenwelt nichts, dessen Einfluß auf das gesellschaftliche Leben mächtiger wäre als der Tee", heißt es in einem Fachbuch der Jahrhundertwende. „In Asien ist er Despot; Europa aber und Amerika sind ihm freiwillig zinsbar. Eine Nation nach der anderen schmiegt sich unter sein sanftes Joch."

Das Teehaus bedeutet den Chinesen soviel wie Europäern Gasthaus und Stammtisch. Hier können die Gäste aus über zwanzig Sorten Tee wählen.

Tee in China – Mythen, Legenden, Vermutungen

Wer das Teegetränk „erfunden" hat, könnten nur die Chinesen genau sagen – es war ihr Kaiser Shên Nung, der in der Provinz Honan, südlich des Gelben Flusses, residierte. Nach der chinesischen Überlieferung hatte er auf einem Schlangenleib einen Menschenkopf, nach anderen Quellen auf einem Menschenkörper einen Ochsenkopf, und gehörte zu den Drei Erhabenen, den Erfindern aller Künste und Handwerke. Speziell Shên Nung kümmerte sich als erster um die Bodenbearbeitung und ging deshalb als Göttlicher Ackerbauer in die Geschichte ein. Daneben schrieb er ein klassisches Medizinbuch mit vielen Rezepten, so auch mit dem Rezept für eine Unsterblichkeitspille und für die Kunst der Goldmacherei. Als Gott des heißen Windes war Shên Nung weniger beliebt, weil er die Felder austrocknete. Dem Einschreiten von Ch'ih Sung-tzu, dem Herrn des Regens, war es zu verdanken, daß den Chinesen reiche Ernten beschieden waren, auch wenn Shên Nung einmal zu viel heißen Wind machte.

Besagter Shên Nung ging oft auf Reisen, um sein Volk zu besuchen oder Tiere zu jagen. Unterwegs erquickte er sich an frisch abgekochtem Wasser. So geschah es auch eines schönen Tages im Jahre 2737 vor Christi Geburt. Während noch das Wasser im Kessel brodelte, fielen von einem darüber stehenden Baum einige Blätter herunter und in die sprudelnde Flüssigkeit, die bald eine goldgelbe

Färbung annahm und herrlich zu duften begann. Der Kaiser gestattete sich eine Kostprobe der Mixtur. Sie schmeckte ihm ausgezeichnet, und bald fühlte er sich angenehm erfrischt. Seit diesem Tag wollte Shên Nung nichts anderes mehr trinken, und auch seine Untertanen begannen sich für den Blättertrunk zu begeistern – der Tee war erfunden. Soweit die chinesische Überlieferung, deren Wahrheitsgehalt auch orthodoxe chinesische Historiker mittlerweile bezweifeln. Denn 2737 v. Chr. gab es weder ein chinesisches Einheitsreich, für das man einen Kaiser gebraucht hätte, noch war die Schrift erfunden, mit deren Hilfe man die Story hätte überliefern können. Und daß frische grüne Teeblätter vom Baum ohne weitere Behandlung einen köstlichen Trunk ergeben könnten, ist zumindest fraglich.

Auf einen anderen fernöstlichen Teemythos stieß gegen Ende des 17. Jahrhunderts ein deutscher Forschungsreisender, der aus Lemgo in Lippe stammende Pfarrerssohn und Arzt Engelbert Kämpfer (1651–1716). Kämpfer begleitete jahrelange Expeditionen nach Rußland und Persien, dann nach Ceylon und Indien, schließlich nach Indonesien und Japan, woselbst er sich allein zwei Jahre lang aufhielt. In seinen „Amoenitates exoticae", erschienen 1712 in seiner Vaterstadt, die ihm später ein Denkmal setzte, ist die Geschichte von dem frommen Inder Darma, dem dritten Sohn des indischen Königs Kosjuwo, nachzulesen. Darma hielt sich als buddhistischer Sendbote in China auf. Er pflegte die Nächte mit religiösen Übungen zu verbringen. Als ihn dabei gegen seinen Willen einmal der Schlaf übermannte, riß er sich die Augenlider aus und warf sie zornig zu Boden. Dort schlugen sie bis zum nächsten Morgen Wurzeln und ließen Bäumchen mit immergrünen Blättern heranwachsen. Darma probierte die Blätter und fand, daß ihr Genuß den Schlaf verscheuchte.

In Kämpfers Buch kann man nachlesen, daß sich dies im Jahre 519 n. Chr. ereignet haben soll. Kämpfer bringt auch eine Porträtzeichnung Darmas, erkennbar an wahrhaft gigantischen Augenlidern. Darma hat es wirklich gegeben. Er spielte eine bedeutende Rolle für die Einführung des Buddhismus aus Indien nach China. Allerdings ist der historische Darma schon 495 n. Chr. gestorben. Hier überschneiden sich Legende und historische Wirklichkeit, aber man darf davon ausgehen, daß die von Dr. Kämpfer überlieferte Geschichte doch einen wahren Kern hat, auch wenn die Sache mit den Augenlidern allzu unwahrscheinlich klingt.

Eine weitere Legende verknüpft die buddhistische Religion mit der Kunst des Teetrinkens. Sie berichtet von dem chinesischen Gelehrten Gan Lu, der sich in Indien zum Buddhismus bekehren ließ und von dort nicht nur mit der neuen Glaubenslehre, sondern auch mit einem Beutel Teesamen nach China zurückkehrte. Das muß aber lange vor Darmas Pflanzenwunder geschehen sein. Dafür spricht ein Sklavenvertrag in Gedichtform, den Wang Pao, Hofdichter von Kaiser Hsün in Sichuan, im Jahre 59 v. Chr. verfaßt haben soll. In diesem Vertrag wird genau beschrieben, welche Pflichten der Sklave zu erfüllen hat, darunter der Einkauf des Tees auf dem Markt in Wu-Yang, die Teebereitung und das Servieren der gefüllten Tassen.

Um 270 n. Chr. entstand die „Geschichte der drei Königreiche" mit der Story von König Sun Hao und Wei Chao. Der König pflegte seine Freunde häufig zu feuchtfröhlichen Gelagen einzuladen und zwang seine Gäste dabei, tief in die Kanne zu steigen. Jedermann mußte mindestens sieben Sheng, also etwas mehr als einen Liter Wein trinken. Wei Chao schaffte das beim besten Willen nicht, er kam über drei Sheng nicht hinaus. Weil er trotzdem so tun mußte, als schmecke ihm der Wein immer noch, ließ er sich von einem Freund heimlich Tee statt Wein einschenken. Der König entdeckte den Schwindel, enthob Wei Chao seiner Ämter und ließ ihn einkerkern. Schließlich wurde der Teefreund einen Kopf kürzer gemacht, was 273 geschehen sein soll.

Schon einige Jahrzehnte früher befaßte sich der Schriftsteller Chang Hua (232–300) mit dem noch ungewohnten neuen Getränk, dem er keine guten Seiten abgewinnen konnte. In einem Kapitel seiner Schriften mit dem Titel „Nahrung, die man vermeiden sollte" warnte er vor der schlafverscheuchenden Wirkung des Tees. Um diese Zeit galt der Tee vor allem als Medizin zur Verdauungsförderung und Beruhigung. Man konnte ihn aber auch zu Umschlägen gegen Rheumatismus und Podagra verwenden.

Die Kunst der Teebereitung – einst

„Tee ist ein Kunstwerk und braucht eines Meisters Hand, um seine edelsten Eigenschaften zu offenbaren", postulierte der japanische Teeweise Kakuzo Okakura in seinem „Buch vom Tee". Nach Okakura sind, was die Teebereitung betrifft, drei Hauptabschnitte zu beobachten: gekochter Tee, geschlagener Tee und gebrühter Tee.

Während der klassischen Periode des gekochten Tees, bis um das Jahr 850, war es in China üblich, die Teeblätter zu dämpfen, in einem Mörser zu zerstoßen, zu einem Kuchen zu formen und zusammen mit Reis, Ingwer, Salz, Orangenschalen, Gewürzen, Milch und manchmal auch Zwiebeln zu kochen. Dieser Mischung aus Sirup und dünnem Spinat ähnelt der Tee mit Butter aus Yakmilch, wie er noch heute in Tibet und bei einigen Mongolenstämmen zubereitet wird. Die russische Sitte, Zitronenscheiben zum Tee zu reichen, stammt wohl daher.

Als romantische Epoche gilt die Zeit des geschlagenen Tees während der Herrschaft der Song-Dynastie (960–1279). Die unfermentierten (grünen) Teeblätter wurden dabei in

Nicht allein Getränk, auch Nahrung war Tee in China bis um das Jahr 850 n. Chr. Ähnliches gilt bis heute für den Tee der Tibetaner und einiger Völker in der Mongolei und im Himalaja. Gedämpfte Teeblätter werden in einem Mörser zerstoßen und mit Salz und Yakbutter zu einem etwas ungewohnten Trank, dem Buttertee, gebraut.

einer kleinen Steinmühle zu Pulver zermahlen, mit kochendem Wasser überbrüht und mit einer Art Pinsel aus gespaltenem Bambus zu einer dicklichen Teebrühe geschlagen.

Die Begeisterung für Tee schlug in der Song-Zeit hohe Wellen. Es gab sogar Wettbewerbe, bei denen neue Teemischungen verkostet und bewertet wurden. Kaiser Hui-tsung (1101–1124) gab hohe Summen für den Ankauf seltener Teesorten aus und schrieb selbst eine Abhandlung über die zwanzig Teearten, unter denen er den weißen Tee als seltenen und feinsten pries. Fortan galt der Teegenuß nicht mehr als poetischer Zeitvertreib, sondern als Weg zur Selbstbesinnung. Wang yüch'eng lobte den Tee, der „seine Seele wie ein unmittelbares Ansinnen überflutete und dessen zarte Bitterkeit ihn an den Nachgeschmack eines guten Rates erinnerte". Su Tung-p'o schrieb von der starken und makellosen Reinheit, die der Verdorbenheit trotze wie ein wahrhaft tugendhafter Mann. Die Mönche der südlichen Zen-Sekte versammelten sich vor dem Bildnis Darmas und, so Okakura, „tranken alle den Tee aus einer einzigen Schale mit der tiefen Feierlichkeit eines heiligen Sakraments". Dieses Zen-Ritual wurde schließlich zum Vorbild der Teezeremonie, die sich im 15. Jahrhundert in Japan ausbreitete und deren Grundlage bis in unser Jahrhundert der grüne geschlagene Tee blieb.

Die dritte Teeschule, auch die naturalistische genannt, fällt in die Epoche der Ming-Dynastie (1368–1644). Nun wurde der geschlagene Pulvertee vergessen, in den Vordergrund trat der gebrühte Tee, wie er heute weltweit bevorzugt wird. Zugleich machte der traditionelle grüne Tee in den meisten Ländern dem schwarzen Tee Platz.

Das Chajing des Lu Yu

Noch zu Zeiten des gekochten Tees, während der Herrschaft der T'ang-Dynastie (618 bis 907), geschah etwas Entscheidendes, das die Teekultur einen großen Schritt voran brachte: Lu Yu schrieb sein Chajing, die „heilige Schrift vom Tee". Von dem Dichter und Philosophen Lu Yu sind nicht einmal die genauen Lebensdaten bekannt. Man weiß, daß er 804 hochbetagt starb. Er muß also in der ersten Hälfte des 8. Jahrhunderts geboren sein. Sein Buch erschien 780. Der Legende nach wurde Lu Yu als Baby von seinen Eltern ausgesetzt und als Findelkind von einem buddhistischen Priester aufgezogen, der ihn zu seinem Nachfolger zu erziehen gedachte. Dafür war aber Lu Yu einstweilen nicht zu begeistern. Er verließ seinen Ziehvater und landete als Clown bei einem Zirkus. Später, schon als angesehener Teewissenschaftler, lebte er am Hof des Kaisers Tai-tsung, der von 763 bis 779 regierte. Teehändler beauftragten ihn, über den Tee ein Buch zu verfassen. Es wurde bald nach seinem Erscheinen berühmt. Als älterer Mann, so heißt es, zog sich Lu Yu als Einsiedler und Priester in die Berge zurück und erfüllte so doch noch das Ideal seines Ziehvaters.

Das Chajing umfaßt zehn Kapitel in drei Bänden. Im ersten Kapitel behandelt Lu Yu die Natur der Teepflanze, im zweiten die Geräte für die Ernte der Blätter, im dritten ihre Auslese. Nach seiner Auffassung gehören in die Klasse der besten Teeblätter viele unterschiedliche Arten: „faltig wie die Lederstiefel tatarischer Reiter, gekräuselt wie die Wamme eines mächtigen Bullen, aufgefaltet wie Nebel, die einer Bergschlucht entsteigen, schimmernd wie ein von sanftem Wind berührter See und feucht und weich wie feine Erde, die der Regen soeben genetzt hat".

Im vierten Kapitel seines Buches beschreibt Lu Yu die 24 Teegerätschaften vom dreifüßigen Kohlenbecken bis zu dem Bambusschränkchen zur Aufbewahrung aller dieser Gegenstände. Nach seiner Überzeugung sei blau glasiertes Teegeschirr zu bevorzugen, weil es das Grün des Getränks noch verstärke. In weißem Geschirr dagegen wirke der Tee rosafarbig und widerlich.

Die Teebereitung beschreibt Lu Yu im fünften Kapitel seines Werkes. Alle zur T'ang-Zeit

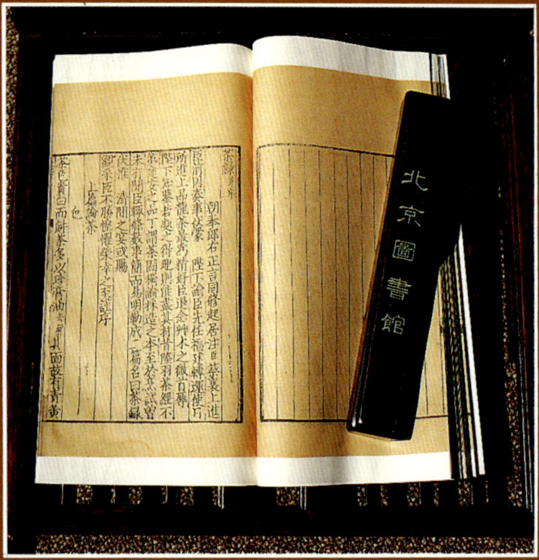

Der erste Klassiker des Tees ist das Chajing des chinesischen Dichters und Philosophen Lu Yu, geschrieben um 780 n. Chr. Oben eine Ausgabe von 1265, in die noch weitere Abhandlungen über den Tee aus den „tee-besessenen" Jahrhunderten danach aufgenommen wurden.
Rechts: Ein sagenhaftes Alter von 1700 Jahren wird diesem Teebaum in der südwest-chinesischen Provinz Yunnan zugeschrieben.

üblichen Zutaten mit Ausnahme des Salzes lehnte er ab. Als am besten geeignetes Wasser bezeichnete er das aus einem Bergquell stammende. Flußwasser und Wasser einer gewöhnlichen Quelle seien erst in zweiter Linie brauchbar. Genau beschreibt er die Grade des Wasserkochens: „Wenn es zum ersten Mal kocht, erscheint etwas wie die Augen von Fischen an der Oberfläche, und man kann leises Geräusch vernehmen. Dann erscheint etwas wie eine Quelle, die dahinschnellt, mit einer Schnur von Perlen an ihrem Rande. Das ist das zweite Kochen. Dann kommen die wilden Wogen: Das ist das dritte Kochen." Beim ersten Kochgrad wird Salz in das Wasser getan, beim zweiten der Tee, beim dritten wird eine Kelle kalten Wassers in den Kessel geschüttet, damit der Tee sich setzt und die „Jugend des Wassers" wieder auflebt. Dann wird das Getränk in die Schalen gegossen und getrunken.

Das Erlebnis des Teetrinkens beschrieb nach Okakuras Überlieferung der Dichter Lo-tung, ein Zeitgenosse Lu Yus: „Die erste Tasse netzt mir Lippen und Kehle. Die zweite verscheucht meine Einsamkeit, die dritte durchdringt mein unfruchtbares Inneres, um darin nichts weiter als einige fünftausend Bände wunderlicher Ideogramme zu finden. Die vierte Tasse erregt einen leichten Schweiß – alles Schlechte des Lebens schwindet durch meine Poren dahin. Bei der fünften Tasse bin ich geläutert; die sechste ruft mich in das Reich des Unvergänglichen. Die siebente Tasse – ah, aber ich kann nicht weitertrinken. Ich fühle nur den kühlen Windhauch, der sich in meinen Ärmeln fängt. Der Horaisan (das chinesische Elysium), wo liegt er? Laßt mich mit diesem lieblichen Windhauch segeln und dorthin schweben!"

In den übrigen Kapiteln seines Werkes geht Lu Yu auf die alltäglichen Methoden des Teetrinkens ein, berichtet über berühmte Teetrinker, schildert Abwandlungen der Teezeremonie und bringt Abbildungen der Teegerätschaften. Das zehnte und letzte Kapitel des Buches blieb nicht erhalten. Das Erscheinen des Chajing muß zu seiner Zeit in China beträchtliches Aufsehen erregt haben. Viele Schüler eiferten ihm nach. Es gab Teekenner, die von sich behaupteten, sie könnten einen von Lu Yu zubereiteten Tee von dem einer seiner Schüler unterscheiden. Und es gab einen Mandarin, dessen Name berühmt wurde, weil er es versäumt hatte, den Tee des großen Meisters gebührend zu würdigen.

Lu Yus Chajing wirkte in China über die Jahrhunderte fort und machte seinen Einfluß auch auf die japanische Teezeremonie geltend. Als der gebrühte Tee aufkam, wurde er nicht weniger feierlich zelebriert, wie ein Gedicht des Kaisers Kien-long (1711–1799) nachweist: „Setze über ein mäßiges Feuer ein Gefäß mit drei Füßen, dessen Farbe und Form darauf deuten, daß es schon lange in Gebrauch ist. Fülle es mit klarem Wasser von geschmolzenem Schnee. Laß dieses Wasser bis zu dem ersten Grade erwärmt werden, bei welchem der Fisch weiß und der Krebs rot wird. Gieße dieses Wasser in eine Tasse auf feine Blätter einer ausgewählten Teesorte, lasse es etwas stehen, bis die ersten Dämpfe, welche eine dicke Wolke bilden, sich allmählich vermindern und nur leichte Nebel auf der Oberfläche schweben. Trinke alsdann langsam diesen köstlichen Trank und du wirst kräftig gegen die fünf Sorgen werden, welche gewöhnlich unser Gemüt beunruhigen. Man kann die süße Ruhe, welche man einem so zubereiteten Getränk verdankt, schmecken, fühlen, jedoch nicht beschreiben."

Schon zu Lu Yus Zeiten war der Teeanbau in China weit verbreitet. Die meisten Teegärten lagen am Oberlauf des Chang Jiang (Yangtze Kiang) in den Provinzen Anhui und Zheijang. Die T'ang-Dynastie erklärte den Teehandel zum Staatsmonopol. Sache der Großgrundbesitzer war es, die Tee-Ernte in der Hauptstadt Ch'ang abzuliefern. Sie wurden mit Schuldverschreibungen „bezahlt", die beim Einkauf von Waren in Zahlung gegeben werden konnten. Die Tee-Schuldscheine standen Pate bei der Entstehung des Papiergeldes, einer chinesischen Erfindung aus dem Jahre 1024, lange Zeit vor seinem Gebrauch in Europa.

Aus dem „Spiegel der schönen Frauen aus den grünen Häusern“, einer Sammlung von japanischen Farbholzschnitten von 1776: Drei Kurtisanen bei der Teezeremonie, dem Chanoyu. In der japanischen Gesellschaft keineswegs verachtete Frauen bei einer ihrer geschätzten Tätigkeiten.

Der japanische Teekult

Wie so mancherlei anderes übernahmen die Japaner auch den Teegenuß und den Teekult von ihren chinesischen Nachbarn. Aus China importierter Tee wird in Japan erstmals während der Narazeit (709–784) erwähnt. Es waren die Buddhapriester, die das neue Getränk zuerst verwendeten, und zwar als medizinisches Mittel. Die japanischen Laien gingen erst während der Heianperiode (784–1185) zum Teetrinken über. Auf Anregung des Kaiserhofes wurde der Teeanbau ausgeweitet. Allgemeingut wurde er jedoch erst während der Kamakurazeit (ab 1192), als der Buddhapriester Eisai Myoan aus China neuen Teesamen nach Japan mitbrachte. Der Teekult (Chado) begann in der Ashikaga- oder Muromachizeit (1338–1565), fand aber seine größte Ausdehnung erst in der Tokugawazeit (1600–1867).

Im Jahr 729 lud Kaiser Shomu (724–748) hundert Priester ein, um mit ihnen die buddhistische Schrift Hannyakyo zu lesen. Am

Für eine Teezeremonie reichen wenige Dinge aus: ein Raum von etwa neun Quadratmetern, in der Mitte eine Feuerstelle, einige Gerätschaften wie Schöpfkelle, Bambuspinsel zum Schlagen des grünen Tees und schlichte, der Hand angepaßte Keramikschalen. Der traditionellen japanischen Architektur entsprechen dünne, verschiebbare Wände, die hier einen Wohnraum, anderswo ein Teezimmer von einem Baum- und Felsgarten trennen, der in kunstvoller Natürlichkeit angelegt sein sollte.

nächsten Tag bewirtete er sie mit Tee. Die erste bekannte Teekultur geht auf Saicho, den Gründer der Tendaisekte, zurück. Saicho pflanzte um 805 aus China mitgebrachten Tee in Sakamoto im Shikagen an, nicht weit von Kioto. In den folgenden Jahren ließ das Interesse am Tee nach. Es wurde erst wiederbelebt, nachdem der Priester Eisai, Begründer der Zensekte in Japan, 1168 aus China mitgebrachten Tee an verschiedenen Stellen in der Nähe von Fukuoka in Kyushu anbaute. Auf den von Eisai mitgebrachten Teesamen gehen auch die heute noch existierenden Anpflanzungen von Uji zurück.

Die Einführung des Teezeremoniells soll auf den buddhistischen Staatspriester Muso Kokushi zurückgehen. Ihm wurde ein aus China stammender Daisu, ein regalähnliches Gestell für den Aufbau der Teekult-Gerätschaften, übergeben. Muso benutzte den Daisu bei der Teezubereitung und begann damit, die Regeln dafür festzulegen. Sie wurden 1564 in ihrer klassischen Form von dem berühmten Teemeister Sen no Soeki, bekannter unter seinem späteren Namen Rikyu, festgehalten. Er schrieb sie an die Wand der Wartehalle des ersten Teehauses in Higashiyama bei Kioto:

„Wenn die Gäste in den Warteraum gekommen sind und die Teilnehmer sich versammelt haben, dann muß man sich durch Schlagen des hölzernen Brettes (Han) anmelden.

Nur wenn man sich darauf einstellt, beim Wasserbecken die Gesinnung zu reinigen, dann wird auch dem Wesen der Lehre richtig entsprochen.

Sobald der Wirt kommt und die Gäste hereinbittet, sollen sie das Gastzimmer betreten. Die Geräte für Tee und Speisen sind weder etwas Vollständiges, noch herrscht auserlesener Geschmack. Die Menschen, die den naturnahen Stil der Baum- und Felsgruppen im Teegarten nicht zu schätzen wissen, die kehren besser gleich um.

Wenn das siedende Wasser wie Föhrenwind säuselt und ein Glockenton ertönt, dann kommen die Gäste zum zweiten Mal (in das Teezimmer); keine Rücksicht auf den Zustand des Wassers und Feuers zu nehmen, ist streng untersagt.

Seit alters ist innerhalb und außerhalb des Teezimmers das Gespräch über weltliche Dinge untersagt.

Zwischen Wirt und Gast darf bei einer wahren Versammlung Schmeichelei weder im Wort noch im Ausdruck geübt werden.

Eine Versammlung darf nicht länger als zwei Stunden (nach alter Rechnung, vier heutigen Stunden entsprechend) dauern. Doch schadet es nichts, wenn beim Gespräch über Buddhismus oder ästhetische Fragen die Zeit überschritten wird.

Diese sieben Regeln bilden das große Gesetz der Teegesellschaften, und wer den Tee genießen will, der soll sie nicht vernachlässigen."

Was ist das Geheimnis der Teezeremonie? Kakuzo Okakura spricht in seinem Teebuch vom „Teeismus" als einem Kult, gegründet auf die Verehrung des Schönen inmitten der schmutzigen Tatsachen des Alltags. „Er umschließt Reinheit und Harmonie, das Geheimnis des Mitleidens, die Romantik der gesellschaftlichen Ordnung. Dem Wesen nach ist er eine Verehrung des Unvollkommenen, denn er ist ein zarter Versuch, etwas Mögliches zu vollenden in diesem Unmöglichen, das wir Leben nennen."

Und mehr als das. Okakura: „Für die Entwicklung des Teeismus ist die lange, der Selbstbesinnung so günstige Isolierung Japans von der übrigen Welt von großem Vorteil gewesen. Unser Haus und unsere Gebräuche, Kleidung und Küche, Porzellan, Lack, Malerei, ja selbst unsere Literatur – alles das ist seinem Einfluß unterworfen gewesen. Niemand, der die japanische Kultur studiert, könnte je sein Vorhandensein übersehen... In unserer Alltagssprache reden wir vom ‚Menschen ohne Tee in sich', wenn er für die Tragikomik des eigenen Erlebens unempfänglich ist. Dagegen lehnen wir auch wieder jeden unbeherrschten Ästheten ab, der, ohne Rücksicht auf die irdische Tragödie, sich von der Flut seiner entfesselten Gefühle fortreißen läßt, als einen, der ‚zuviel Tee' in sich hat."

Eine rituelle Handlung vor der Teezeremonie ist die Reinigung am Wasserbecken im Garten. Dadurch soll auch die Gesinnung geläutert und die soziale Stellung der Teilnehmer für die Zeit des Tees vergessen werden.

Teeraum und Teekunst

Die japanische Bezeichnung für die Teezeremonie, *Chanoyu,* bedeutet in wörtlicher Übersetzung nichts anderes als „heißes Teewasser“. Zeitgemäßer wäre eine Übersetzung als „Teekunst“, denn um eine Kunstform, etwa einem Happening vergleichbar, handelt es sich – so jedenfalls die Auffassung von Irm traud Schaarschmidt-Richter in ihrem Essay zu Okakuras Teebuch. Und weiter: „Zunächst erscheint das Chanoyu als ein gemeinsames Teetrinken, das jedoch in einem bestimmten Rahmen und nach festgelegten Bewegungsabläufen vor sich geht. Dabei erweisen sich die Bewegungen als durchaus funktional; sie wirken in keiner Weise gezwungen oder aufgesetzt und überflüssig. Vielmehr sind sie nur darauf gerichtet, den Tee in vollendeter Form zu bereiten und darzureichen. Daraus ergibt sich ein Rhythmus der Handbewegungen, die den ganzen, auf seinen Fersen und Knien sitzenden Körper mit einbeziehen, so daß man von einem – sehr reduzierten, abstrahierten – Tanz sprechen kann.“

Theoretisch kann eine Teegesellschaft an jedem beliebigen Ort stattfinden. In der Praxis jedoch pflegt man einen speziellen Teeraum in räumlicher Verbindung mit einem Teegarten zu bevorzugen. Kakuzo Okakura sagt vom Teeraum: „Er ist Stätte der Phantasie als vorübergehende Herberge religiösen Gefühls. Stätte des Leerseins ist er, insofern er bar ist jeden Schmuckes, mit Ausnahme von Wenigem, um das ästhetische Bedürfnis des Augenblicks zu befriedigen. Stätte mangelnder

Symmetrie ist er, um bei der Verehrung des Unvollendeten im Spiel der Phantasie vervollkommnet zu werden.“

Die Ansprüche an einen Teeraum legte der Teemeister Jowo schon im 15. Jahrhundert fest. Danach reicht eine Fläche aus, die von viereinhalb Bodenmatten *(Tatami)* bedeckt wird. Gastgeber und Gäste betreten den Raum durch getrennte Eingänge – der Eingang für die Gäste ist so niedrig, daß man ihn nur stark gebückt passieren kann. In der Mitte des Raumes ist Platz für die Feuerstelle mit dem von der Decke herabhängenden Teekessel. Die Gerätschaften haben in der Nähe der für den Gastgeber bestimmten Matte Platz. Eine alkovenartige Wandnische, genannt *Tokonoma,* bietet Platz für ein einzelnes Rollbild, ein Schriftplakat, eine kleine Plastik oder eine Blumenvase – den einzigen künstlerischen Schmuck des Teeraumes.

Der Teegarten, die Zone der Vorbereitung auf die Teegesellschaft, symbolisiert eine Berglandschaft mit halbhohen Bäumen und Büschen, einem vielfach gewundenen, mit Schrittsteinen belegten Weg und einem Wasserbecken zur Reinigung von Mund und Händen, meist in der einfachen Form eines ausgehöhlten Steins. Beim Gartentor findet sich oft ein kleiner Empfangsraum, wo sich die Gäste bei einer Tasse leichtem Tee versammeln. Eine zweite Wartezone im Garten hat die Gestalt einer gedeckten Bank. Hier begrüßt der Gastgeber seine Gäste, was schweigend vor sich geht. Sie machen sich auf den Weg zum Teeraum und reinigen sich unterwegs zeremoniell am Wasserbecken.

Die Gäste betreten den Teeraum durch die niedrige Schiebetür, und bevor sie sich auf den Bodenmatten oder den darauf liegenden *Zabuton*-Kissen niederlassen, erweisen sie dem Kunstwerk in der *Tokonoma*-Nische ihre Ehrerbietung. Es folgt nun das sogenannte *Kaiseki*-Essen, ein kleiner Imbiß mit sorgfältig ausgewählten und präsentierten Speisen. Jeder Gast wird mit einem eigenen Tablett oder Lacktischchen bedient, auf dem viele kleine Schüsseln mit den auserwählten Leckerbissen stehen. Während des Essens entwickelt sich ein gelöstes, heiteres Gespräch, wobei oft fachmännische Äußerungen über Qualität und Kunstwert der Porzellan- und Lackgefäße im Vordergrund stehen, in denen das Mahl angerichtet wurde.

Nach Beendigung des Essens begeben sich die Gäste wieder in den Garten, um auf einer Bank die Vorbereitungen des Gastgebers für die eigentliche Teezeremonie abzuwarten. Der Hausherr in seiner Funktion als Teemeister – oft übernimmt auch die Hausfrau diese Aufgabe – lüftet und reinigt den Teeraum und stellt das Teegerät in der vorgeschriebenen Ordnung bereit. Mit einem Gong oder einer Glocke ruft er die Gäste zurück. Sie gehen durch den Garten, spülen sich am Steinbecken noch einmal Mund und Hände und nehmen im Teeraum wieder ihre Plätze ein. Über dem Feuerbecken summt schon der wassergefüllte Teekessel. Der Duft von Räucherwerk liegt in der Luft. Mit ein wenig heißem Wasser wird die Teeschale angewärmt. Nun wird mit einem schmalen Bambuslöffel etwas Pulvertee in die Teeschale gegeben und mit heißem Wasser aus dem Teekessel aufgefüllt. Den Gästen wird unterdessen auf einer flachen Schale Kuchen angeboten, von dem sich jeder bedient. Der Teemeister taucht den Bambuspinsel (*Chasen*) in die Teeschale und schlägt den Tee zu einer dickflüssigen, suppigen Masse. Die Teeschale wird an den ersten Gast weitergereicht, der sie entweder austrinkt und zurückgibt oder nur einen Schluck probiert und an den nächsten Gast weitergibt. Vor dem Weitergeben wird die Stelle, von der der Gast getrunken hat, mit einem Teetuch oder einem Stück frischem Kuchenpapier gereinigt. Sind alle Gäste bedient, wird oft noch einmal Kuchen und leichter Tee nachgereicht, den ein Helfer des Teemeisters zubereitet. Der Gastgeber selbst unterhält sich mit seinen Gästen, wobei die Teegeräte herumgereicht und bewundert werden – oft handelt es sich um wertvolle alte Stücke mit einer interessanten Geschichte oder Inschrift.

Für die japanische Teekultur bestimmt sind diese dekorativen Erzeugnisse aus Keramik: Teeschale und Lotosblüte.

Abschließend begleitet der Gastgeber seine Gäste in den Garten, wo sie sich von ihm verabschieden und durch den Garten zum Haupttor zurückgehen. Eine solche Teegesellschaft kann vier Stunden und länger dauern, „eine aus dem Alltag herausgeschnittene Zeit, in der der Geist frei werden kann von allem, was ihn beschwert" (Okakura). „Die strenge Gesetzmäßigkeit im Ablauf bringt schließlich – wenn sie frei vollzogen wird – eine schöne, harmonisch gelöste Bewegung hervor, die mit Raum und Gerät zu einem verschmilzt. So entsteht etwas, was man im wörtlichen Sinne als ein Gesamtkunstwerk bezeichnen möchte."

Chanoyu als Thema der Malerei und Dichtung – auch dafür gibt es in Japan viele Beispiele. Berühmt ist das Gedicht „Keizan no Bun" von Keizan, das sinngemäß etwa folgendes aussagt: „Jemand hat mich gefragt: Du hast die Regeln des Tees gelernt? Da habe ich geantwortet: Noch nicht, aber dieses habe ich einst vernommen: Der Geschmack sei bitter, aber im Bitteren süß. Die Geräte seien einfach, aber trotz Einfachheit schön. Das Zimmer sei bescheiden, aber ruhig. Der Garten sei klein, aber gepflegt. Der Verkehr unter den Freunden sei innig, aber doch höflich. Häufig komme man zusammen, aber der Aufwand sei gering. Man genieße, aber man vermeide den Luxus. Nur um diese Dinge handelt es sich, und wer diesem widerspricht, hat nichts mit mir zu tun."

So wie bei uns Jungen und Mädchen in die Tanzstunde gehen, lernen ihre japanischen Altersgenossen in einer Teeschule den richtigen Ablauf der Teezeremonie und das gute Benehmen – bei Erfolg mit Diplom.

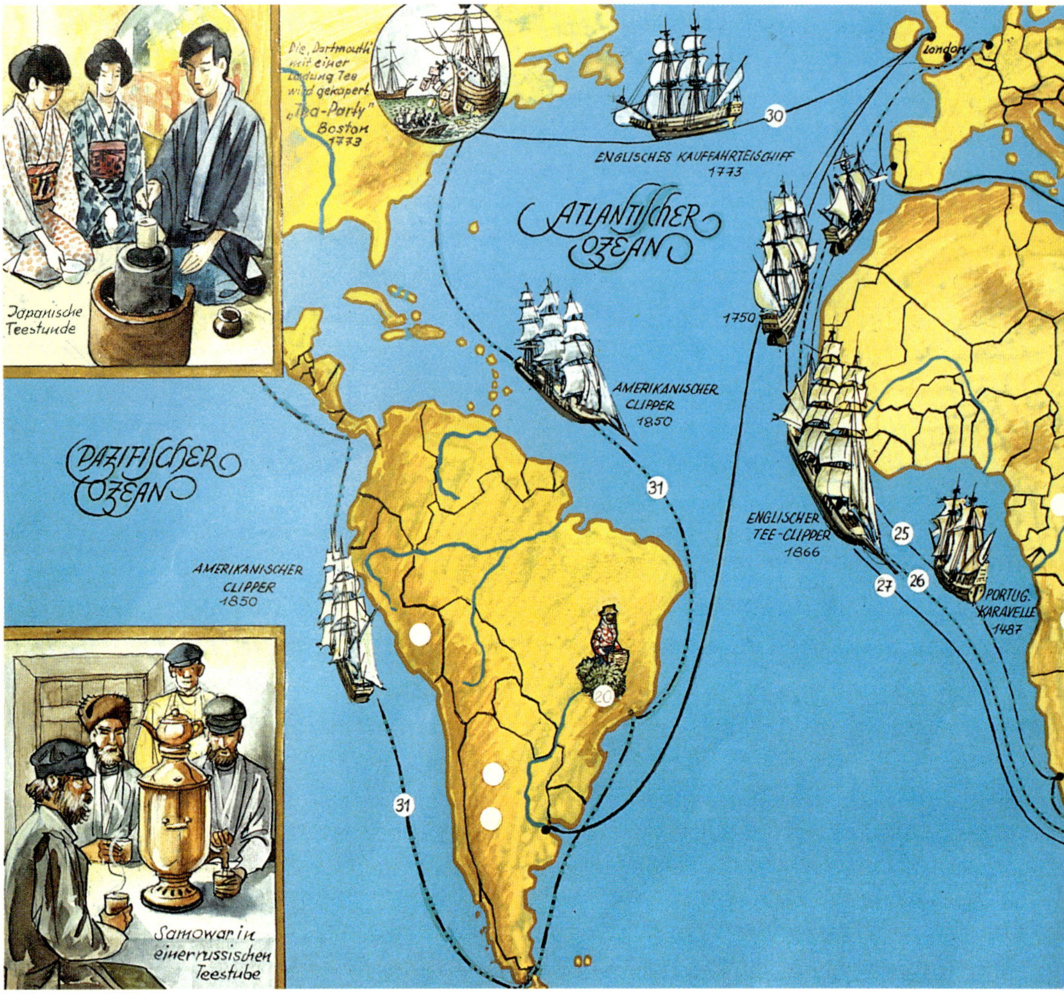

Tee in Europas Tassen

Nach Europa gelangten die ersten Nachrichten über den Teegenuß durch die Araber. In ihren Händen lag seit dem 9. Jahrhundert die Warenvermittlung aus Fernost, die sie teils auf dem Land-, teils auf dem Seeweg bewältigten. Arabische Händler waren es, die die Europäer mit exotischen Spezereien wie Pfeffer, Zimt, Muskat und Gewürznelken belieferten, die aber auch Weihrauch und Seide und schließlich den grünen Tee heranschafften. Der älteste Bericht über Teelieferungen wird dem weitgereisten Almasûdi zugeschrieben, der im 9. Jahrhundert lebte. Er war nicht selbst an Ort und Stelle, sondern berief sich auf Reiseerlebnisse von Ibn Wahab, der aus China berichtete, der chinesische Kaiser in Kanton (heute Guangzhou) bezöge seit dem Jahre 879 seine Haupteinkünfte aus den Zöllen und Steuern auf Salz und Tee, der bei Ibn Wahab Assâch genannt wird und von dem es heißt, man stelle aus seinen Blättern einen Aufguß mit heißem Wasser her. Die nächsten Nachrichten stammen aus Iran (Persien), aus dem 13. Jahrhundert. Sie vermerken, daß chi-

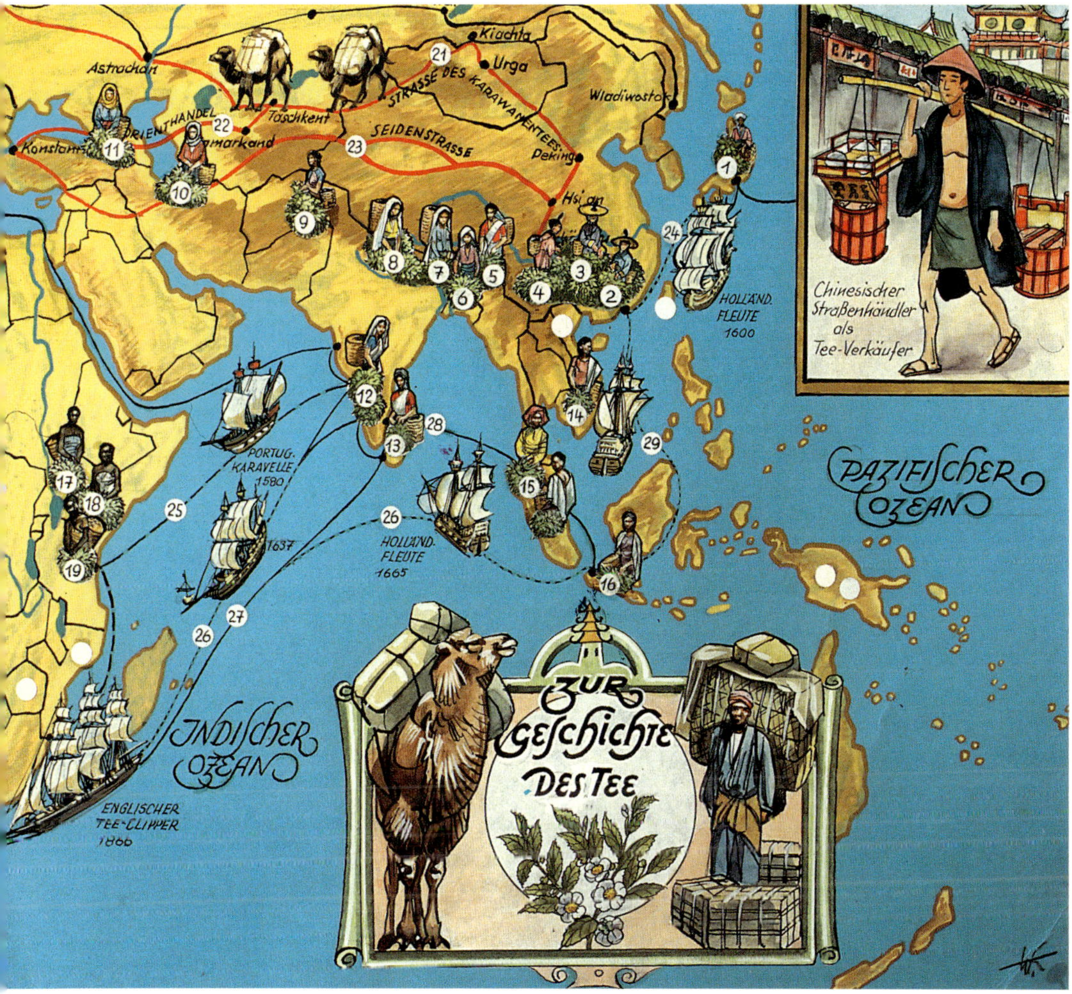

Tee wurde weltweit vor allem auf dem Seeweg gehandelt. Das lukrative Geschäft lag fast ganz in den Händen der Kolonialmächte.

nesischer Tee in Persien eingeführt wurde, und zwar in kleinen versiegelten Päckchen.

Teehistoriker wundern sich bis heute darüber, daß in den Aufzeichnungen des Venezianers Marco Polo (1254–1324) überhaupt nicht über Tee berichtet wird, obwohl „Messer Milione" fast alle seine Beobachtungen in zwanzigjährigem Fernost-Aufenthalt mit größter Ausführlichkeit ausbreitet. Marco Polo informiert lediglich über einen chinesischen Finanzminister, der abgesetzt wurde, weil er die Teesteuer erhöht hatte. Außerdem berichtet er über die Begräbnissitten auf den Tempelfriedhöfen von Zipangu (Japan). Es sei dort üblich, die Toten sitzend zu beerdigen. „Hinter seinen Kopf, der nach Norden weist – die Füße stets nach Süden –, kommt ein Kissen mit einer Füllung aus Teeblättern." Marco Polo findet das schäbig: „Ja, allzu großen Aufwand treiben sie in Zipangu nicht gerade mit ihren teuren Toten. Ein bißchen Tee und ein Kasten aus weichem, weißem Holz: Punktum. Kann man so etwas begreifen bei einem Volk, das buchstäblich im Golde schwimmt?"

Ein aufwendig gestaltetes Etikett
einer Teekiste aus Hongkong. Es stammt
aus der Zeit um 1900
und wurde im damals modischen Farbdruck hergestellt.

Es ist viel darüber gerätselt worden, warum Marco Polo den Tee so stiefmütterlich behandelt. Vielleicht war Tee zu seiner Zeit etwas ganz Alltägliches, nicht der Erwähnung wert? Vielleicht wurde aber auch am Hof des Großkhans wenig Tee getrunken – die gebildeten Teekenner hatten sich ja vom kaiserlichen Hof zurückgezogen und ihre Teerituale dabei mitgenommen – nach Südchina, wohin der Arm des Großkhans nicht reichte.

Eine ausführliche Schilderung der chinesischen Sitten und Gebräuche in Verbindung mit dem Tee bekam Europa erst 1559 von Giambattista Ramusio. Der italienische Gelehrte veröffentlichte Reiseberichte des persischen Händlers Hadschi Mohammed, der außer Rhabarber auch Tee nach Europa verkaufte. Eine Unze (30 g) „Chiai Catai", chinesischer Tee, kostete soviel wie ein ganzer Sack Rhabarber.

Arabische Händler, portugiesische Seefahrer und Jesuitenmissionare machten sich um die Verbreitung des Tees in Europa verdient. 1633 beschrieb der portugiesische Jesuit Alvarez Semedo, der China durchwanderte, die Bereitung und Verwendung des Tees. Aus China exportierten grünen Tee trank der Portugiese Pedro Terixeira zu Beginn des 17. Jahrhunderts in Malakka.

Albrecht von Mandelslohe traf 1638 in Surat, nördlich von Bombay, auf teetrinkende Holländer und Engländer. 1673 berichtete Adam Olearius aus Isfahan, daß es dort schon Teehäuser gab.

Die Niederlande, Europas erstes Teeland

Der Handel mit Ostasien wurde für die europäischen Länder immer interessanter, seitdem es den Portugiesen gelungen war, zahlreiche Stützpunkte an ostasiatischen Küsten einzurichten. Vor allem die Niederländer setzten alles daran, von den fernöstlichen Kostbarkeiten zu profitieren. Sie hatten 1602 die Generale Oost-Indische Compagnie (V.O.C.) gegründet, eine jener Handelskompanien des 17. Jahrhunderts, die mit einem Handelsmonopol und weitergehenden Vollmachten ausgestattet waren. Die Ostindische Kompanie durfte ihre Schiffe bewaffnen, in den überseeischen Gebieten befestigte Niederlassungen errichten, Münzen prägen, eine eigene Armee aufstellen und die Gerichtshoheit ausüben. Die Ostindische Kompanie der Holländer übernahm alle schon von holländischen Kaufleuten in Ostindien gegründeten Niederlassungen und arbeitete einen Plan aus, wie durch die Eroberung und den Ausbau weiterer Stützpunkte die portugiesische Vorherrschaft gebrochen werden könnte. Zuerst setzten sich die Holländer in Thailand, das damals noch Siam hieß, fest, dann nahmen sie Ambon, eroberten die Zitadelle der Portugiesen auf Tidore, griffen Malakka an und breiteten sich auf Java aus. Dabei hatten sie es nicht nur mit den Portugiesen zu tun, sondern oft auch mit den Engländern, die schon 1600 eine Ostindien-Kompanie (E.I.C.) gegründet hatten und eine weitsichtige Kolonialpolitik betrieben. Niederländische Schiffe der Kompanie waren es, die 1610 die erste Ladung chinesischen Tee mitbrachten.

Das neue Getränk setzte sich verhältnismäßig schnell in den Niederlanden durch, wo es von den Ärzten hoch gepriesen und von den Apotheken verkauft wurde. Als erster Teehändler ging der Kaufmann Jan Snyder in die Geschichte ein. Er hatte es allerdings zunächst schwer, seine Teekisten loszuwerden. Als es ihm nicht gelang, sie in Amsterdam zu löschen, startete er einen zweiten Versuch in London, wo ebenfalls niemand etwas von der Ware wissen wollte, und ließ sie dann wieder nach Holland zurückbringen – die Umwege verursachten ihm ernste Zahlungsschwierigkeiten.

Die niederländischen Ärzte sagten dem Tee nach, er steigere die Lebenskraft und stärke das Gedächtnis, beschleunige alle seelischen Tätigkeiten und trage dazu bei, das Blut zu verdünnen. Außerdem verordneten sie Tee gegen Fieber und Durchfall. Zu den Fürsprechern des Tees gehörte auch der Medikus

China, seine Menschen, seine Exportgüter und das Land selbst regten stets zu Darstellungen an, denen ein Hauch Exotik anhaftet. Mit den Augen von zwei englischen Künstlern des 19. Jahrhunderts gesehen und in kolorierte Stiche umgesetzt: Verarbeitung des Tees (oben) und Umladen von Teekisten auf den Tseen-tang, der in den Zhu Jiang (Perlfluß) vor Guangzhou (Kanton) mündet (rechts).

China – die Mode der Saison! Das könnte der Grund gewesen sein, der den bekannten Augsburger Freskenmaler Gottfried Bernhard Götz 1751 hierzu beflügelt hat: Ein Wasserpfeife rauchender Chinese läßt sich unter Palmen mit Tee verwöhnen. Götz hat mit der Hitze in der Tasse, im Stövchen und in der Pfeife das Element Feuer in dieser Allegorie dargestellt. Im Rokoko-Festsaal des Schlosses Leitheim bei Donauwörth wird das Feuer durch ähnliche Darstellungen der Elemente Erde, Wasser und Wind ergänzt.

Dircks, der unter dem Pseudonym Nicolaas Tulp ordinierte – Rembrandt verewigte ihn auf seinem berühmtem Gemälde „Die Anatomie des Dr. Tulp". Nach Überzeugung dieses Arztes, festgehalten in seinen „Observationes Medicae", sollte Tee vor allem gegen Gallensteine und Müdigkeit gut sein.

Der ersten Teesendung von 1610 folgten bald weitere. Am 2. Januar 1637 wies die V.O.C. alle ihre Schiffe an, aus Indien sowohl chinesischen als auch japanischen Tee mitzubringen. Offenbar war das Geschäft mit dem grünen Tee besonders lohnend, auch wenn der Tee noch höher bezahlt wurde, der nicht auf dem Seeweg, in oft muffigen, engen Schiffsbäuchen, in den Westen gelangte, sondern über Land, mit Karawanen, durch Inner- und Vorderasien und über Rußland. Wie auch immer, erfolgreicher Seehandel unter anderem mit Tee machte das Holland des „goldenen 17. Jahrhunderts" reich – zu erkennen an prunkvollen Kaufmannshäusern in Amsterdam.

Einer Abordnung der holländischen Handelskompanie unter der Leitung des bekannten Seefahrers Johannes Maatsuyker gelang es, an den kaiserlichen Hof in Kanton eingeladen zu werden. Bei dieser Gelegenheit bekam Maatsuyker ein Empfehlungsschreiben des Mandschukaisers ausgehändigt, demzufolge es den Holländern erlaubt wurde, alle acht Jahre nach China zu kommen, und zwar mit einer Besatzung von 100 Mann. Nur 20 von ihnen durften sich jeweils am kaiserlichen Hof sehen lassen. Kanton wurde so zum Angelpunkt des chinesischen Teehandels. Hier konnten sich die Holländer aber auch mit der begehrten chinesischen Naturseide eindecken. Tee und Seide waren mit Silber zu bezahlen. Es gab in Kanton einen eigenen Überwachungsbeamten für den Handel, den Hoppo, der seinerseits darauf angewiesen war, die zuständigen Hofchargen mit Silbergaben bei Laune zu halten.

Um die Mitte des 17. Jahrhunderts tranken nicht nur die höhergestellten Niederländer regelmäßig ihren Tee, sondern der Trank aus Ostasien begann sich zum Volksgetränk zu entwickeln.

England bekehrt sich zum Tee

Von den drei exotischen Getränken, die sich vom 17. Jahrhundert an in Europa durchsetzten, nämlich Kaffee, Tee und Kakao, bevorzugten die Bewohner der Britischen Inseln zunächst den Kaffee. Schon 1650 wurde in Oxford das erste Kaffeehaus auf britischem Boden eröffnet. Betrieben wurde es von dem syrischen Juden Cirques Jobson, der sich in einem Haus der östlichen Stadt im Kirchspiel von Sankt Peter zwischen Edmund Hall und Queens College etablierte. „Dort tranken diejenigen, die von allem Neuen begeistert waren“, vermerkte der Chronist Anthony Wood. Zwei Jahre später eröffnete der Grieche Pasqua Rosee ein Kaffeehaus in dem Londoner Stadtteil Cornhill. Der Levantekaufmann Daniel Edwards hatte den Griechen aus Ragusa mitgebracht und ließ sich von ihm an jedem Morgen türkischen Kaffee kochen. Edwards' Freunde machten es sich, von dem guten Kaffee angelockt, bald zur Gewohnheit, sich frühmorgens bei ihrem Freund einzufinden, um Rosee-Kaffee zu trinken. Das wurde Edwards schließlich lästig. Er mietete Rosee einen eigenen Raum in St. Michaels Alley, wo sich bald ein lebhafter Kaffeehausbetrieb entwickelte.

Als *tobacconist and coffee-man* bezeichnete sich Thomas Garraway, der 1657 in der Change Alley 3 in London sein Kaffeehaus „Garraway's“ gründete. Inzwischen, so Garraway, war der Tee schon salonfähig geworden, erhoben „zu etwas Vornehmem, mit dem man Fürsten und Großen Geschenke zu machen pflegte“. Allmählich begannen sich auch die Kunden der Kaffeehäuser mehr für Tee als für Kaffee zu interessieren. Von Jahr zu Jahr immer größere Mengen Tee schafften die Schiffe der 1600 gegründeten Britisch-Ostindischen Handelskompanie heran. 1690 waren es noch nicht mehr als 10000 Kilogramm, hundert Jahre später schon 4 Millionen Kilogramm. Der monopolisierten Ostindien-Kompanie war es gelungen, „ein Volk potentieller Kaffeetrinker in eine Nation von Teetrinkern zu verwandeln, und das binnen weniger Jahre“ – so W. H. Ukers in seinem 1935 erschienenen Buch „All About Tea“. 1662 heiratete der britische König Charles II. die portugiesische Prinzessin Katharina von Braganza. Die Dame, eine begeisterte Teetrinkerin, führte die Sitte des Teetrinkens am Londoner Hof ein, was sich auf den Umsatz der Teehändler positiv auswirkte und zudem als Sieg über den Alkohol gewertet wurde, den Lords und Ladies bis dahin „morgens, mittags und abends“ getrunken hatten.

König Charles teilte die Begeisterung seiner königlichen Frau für den Tee nur sehr bedingt. Er belegte den Teeimport mit einer drastischen Steuer und erließ ein Gesetz gegen die weitere Ausbreitung von Kaffeehäusern und Teegärten, die ihm Brutstätten politisch mißliebiger Ideen zu sein schienen. Die Teeliebhaber protestierten energisch gegen die Beschränkung ihrer Freizeitbeschäftigung, so daß der König schon nach wenigen Wochen gezwungen war, das Gesetz zu widerrufen – ein in der britischen Geschichte bis dahin einmaliger Vorgang.

Aber bei der Steuer blieb es, so daß der Tee in England erheblich teurer verkauft werden mußte als auf dem Kontinent. Die Folge war ein lebhafter Schmuggelbetrieb, bei dem niederländische Kutter die Teekisten bis dicht vor die britische Küste brachten, wo sie in Boote umgeladen und an Land gebracht wurden. Um 1800 wurden offiziell 5,5 Millionen Pfund Tee jährlich importiert. Dazu kamen rund 7 Millionen Pfund unverzollte Schmuggelware. Trotzdem entwickelte sich London zum Mittelpunkt des Teewelthandels. 1785 gab es auf den Inseln rund 30000 Teehändler im Groß- und Einzelhandel, und etwa 2000 Tee- und Kaffeehäuser und -gärten sorgten für die Außer-Haus-Versorgung der Briten, die freilich immer mehr dazu übergingen, sich ihren Tee zu Hause selbst aufzubrühen.

Tee zu jeder Gelegenheit – das wurde im 19. Jahrhundert beste britische Tradition. Die erste Tasse gab es morgens nüchtern im Bett,

Teetrinken in geselliger Runde: am Samowar im Rußland der Zarenzeit (ganz oben), beim Teekränzchen mit Herrenbesuch (oben) oder auf die feine englische Art in einem Garten nahe der Themse kurz vor der Wende vom 19. zum 20. Jahrhundert (rechts).

die nächste folgte zum Frühstück. Erfunden wurden *Low Tea* mit einem leichten, aber kostbaren Imbiß, *Five-o'-clock-Tea* in der blauen Stunde, schließlich der abendliche *High Tea* als Höhepunkt des britischen Familienlebens. In Büros und Werkstätten waren und sind mehrere Teepausen täglich die Regel, auch wenn Kritiker immer wieder die Meinung ausdrücken, die vielen Teepausen führten zum Ruin der Wirtschaft. Sie vergessen dabei aber, wie sehr eine Anzahl englischer Firmen aus Anbau und Handel mit Tee Nutzen zogen und noch ziehen.

Eine Tasse Tee paßt und hilft immer – bei Kummer und Sorgen ebenso wie bei Freude, und vor allem in kniffligen Situationen. Dafür eine typische Story, wie sie die britische Sonntagszeitung „News of the World" überlieferte: „Pauline Jenkins erlebte in ihrer Hochzeitsnacht den Schreck ihres Lebens, als sie feststellen mußte, daß ihr eben angetrauter Ehemann eine Frau war. ‚Ich wollte eigentlich auf der Stelle das Haus verlassen', erklärte Frau Jenkins unserem Reporter, ‚doch dann ging ich statt dessen in die Küche und machte mir eine Tasse Tee'."

„Es gibt in der gesamten Tee-Literatur", merkte die „Süddeutsche Zeitung" zu diesem Bericht an, „kein strahlenderes Zeugnis für die Haupteigenschaft einer Tasse Tee, ihre Fähigkeit nämlich, jeden Konflikt zu mildern, jede Katastrophe zu ertragen, Seelenschmerzen zu lindern, den Klassenkonflikt abzuschleifen und überhaupt der komplizierten Maschinerie der britischen Gesellschaft über tote Punkte zu verhelfen." Tee gehört in England zum guten Ton, auch wenn der Kaffeeverbrauch in den letzten zehn Jahren deutlich zugenommen hat, auch wenn Prominente wie Winston Churchill bekannten, sie liebten den Tee „kalt und gelb", also in Form von Whisky, und so der britischen Teeindustrie in den Rücken fielen.

Damit sind wir dem historischen Ablauf der Dinge schon weit vorausgeeilt. Schalten wir zurück und betrachten wir, welche Erfolge der Tee in anderen Ländern Europas hatte.

Frankreich, Schweden, Schottland und Rußland

Über die Niederlande lernten die Franzosen das chinesische Teegetränk kennen. Das war im Jahre 1636. Einer der ersten Teeliebhaber war König Ludwig XIV. Er hatte erfahren, daß Chinesen und Japaner dank Teegenuß weder unter Gicht noch unter Schlaganfällen zu leiden hätten. So ließ er sich regelmäßig mit Tee als Mittel gegen sein Zipperlein behandeln. Was der König schätzte, mußte auch seiner Hofgesellschaft guttun. Vor allem die Herren der Schöpfung begeisterten sich für den exotischen Trank und umgaben ihn mit einem chinesisch gefärbten Ritual, bei dem feines Porzellan, chinesische Teppiche und Tapeten eine große Rolle spielten. Die Damen hielten sich lieber an Kakao und Kaffee. Am Hof zu Versailles lernte auch Liselotte von der Pfalz (1652–1722), die Schwägerin des Königs, den Tee kennen – und fand ihn ungenießbar: „Thee kombt mir vor wie Heu und Mist, mon Dieu, wie kann sowas Bitteres und Stinkendes erfreuen?" schrieb die kritische Dame in einem ihrer berühmten Briefe nach Deutschland.

Ungeachtet dessen versuchten die Franzosen, das chinesische Kraut in Frankreich heimisch zu machen. 1658 pflanzte Dionysius Jonquet Teesträucher im Jardin des Plantes, den königlichen Gärten zu Paris – allerdings mit geringem Erfolg. Zwar entwickelten sich die Pflanzen im Schutz der Gewächshäuser recht gut, aber an eine Freilandkultur war nicht zu denken. Das Pariser Klima war für den Teeanbau ungeeignet.

Anbauversuche mit Teepflanzen interessierten auch den schwedischen Botaniker und Naturforscher Carl Ritter von Linné, der den Tee als *Camellia Thea* in seiner botanischen Systematik unterbrachte – *Camellia* deshalb, weil der Tee nach seiner Meinung mit der Kamelie verwandt sei. Nun kam es darauf an, Teesamen aus China zu beschaffen, aber damit hatte Herr von Linné jahrelang Pech. Die ersten Versuche scheiterten, weil die Chinesen jede Ausfuhr von Teesamen verhinderten. Überdies dauerte der Transport sogar über See bis zu zwei Jahre, was der Keimfähigkeit des Samens nicht gerade förderlich war. Der schwedische Prediger Osbek konnte sich in China eine Teepflanze verschaffen, die er Linné mitzubringen gedachte. Am Kap der Guten Hoffnung machte ein Wirbelwind diesen Plan zunichte.

Einige Zeit später übergab der schwedische Kommerzienrat Langerström dem botanischen Garten zu Uppsala, an dem Linné wirkte, zwei Stauden, die man allgemein für Tee hielt. An den Blüten der Pflanzen zeigte sich, daß es sich nicht um Tee, sondern um Kamelien handelte. Langerström war von seinem chinesischen Partner hereingelegt worden. Es gab einen neuen Versuch mit einer echten Teestaude, die auch bis in den schwedischen Hafen gelangte. Die Schiffsmannschaft stellte die Pflanze auf einen Tisch in der Kajüte, um sie später abzuholen, und verließ das Schiff. Unterdessen machten sich Ratten an der Pflanze zu schaffen und benagten sie so, daß sie bald zugrunde ging. Erst am 3. Oktober 1763 überreichte der Kapitän C. G. Eckeberg dem Ritter Linné den ersten wohlbehaltenen Teestrauch, der im botanischen Garten von Uppsala seinen Platz fand und gut gedieh. Aber auch in Schweden blieb der Tee eine Treibhauspflanze.

Der erste Versuch, den Tee in **Schottland** einzuführen, endete mit einem Mißerfolg. 1685 schickte die Witwe des Herzogs von Monmouth ein Päckchen Tee an schottische Verwandte. Weil die Gebrauchsanweisung fehlte, kochte der Empfänger die Teeblätter in Wasser und ließ sie als Gemüse auftragen, während das Wasser weggeschüttet wurde – ein Verfahren, das der Einführung des Getränks nicht gerade förderlich war.

Unterdessen hatte es der Tee in **Frankreich** schwer, sich endgültig durchzusetzen. Einerseits mußte er mit vielen Kräutertees konkurrieren, die vor allem auf dem Land beliebte Getränke waren, andererseits schmeckte den Franzosen der Kaffee besser als der Tee. Und schließlich meldeten sich viele Mediziner zu Wort, die den Teegenuß als ungesund verdammten. Als Jean de Mauvillain um die Mitte des 17. Jahrhunderts unter dem Titel „Fördert chinesischer Tee den Geist?" eine Doktorarbeit verfaßte, kam es beinahe zu einem Aufstand. Manche Ärzte verbrannten die Arbeit öffentlich, andere wandten sich mit schlimmen Vorwürfen gegen den Doktorvater Dr. Morissot.

Ungeachtet aller Anfeindungen stellten sich viele prominente Zeitgenossen auf die Seite des Tees, so der Kardinal Mazarin, den selbst die Gicht heftig plagte, oder die Madame de Sévigné. Der Landgraf von Hessen-Kassel trank nach Berichten seiner Frau, der Prinzessin von Tarent, täglich bis zu vierzig Tassen Tee, wodurch „seine Lebensgeister zusehends erwachten, wo er doch bereits dem Grabe nahe gewesen sei".

Anders verlief die Teegeschichte im **Rußland** der Zarenzeit. Schon 1567 machten zwei Kosakenhetmänner, Iwan Petrow und Boornasch Jalischew, auf die Existenz des chinesischen Getränks aufmerksam. Aber erst 1638 kamen nennenswerte Teemengen nach Moskau. Der russische Diplomat Wassilij Starkow oder Storkow leitete in diesem Jahr eine Gesandtschaft an den Hof des mongolischen Khans. Der asiatische Herrscher gab seinen Gästen einige Kisten Tee als Geschenk für Zar Michael I. (1596–1645) mit. Nur unwillig belasteten sich die Reisenden mit der nach ihrer Meinung unnützen Gabe, die jedoch am kaiserlichen Hof großen Anklang fand und dazu beitrug, daß der Tee bald in Rußland viele Anhänger hatte. Der weite Landtransport von China nach Europa, durch die Wüsten und über die Hochländer Innerasiens, bekam dem Tee offenbar besser als der Schiffstransport in dumpfen und feuchten Segelschiffen. So wurde der Karawanentee jahrhundertelang höher bewertet als der Tee aus Schiffstransporten, und große Mengen wurden über Rußland an andere europäische Länder verkauft. Der Tee entwickelte sich in Rußland zum Alltagsgetränk, der auch in schlichten Haushalten zum Tagesablauf gehörte – vom Morgen- bis zum Abendtee, zu Hause wie auf Reisen. Unabdingbares Zubehör zum Teekochen wurde hier wie in Persien der Samowar, der Heißwasserbereiter. In einem oft kunstvoll verzierten Behälter wurde den ganzen Tag über das Teewasser durch Holzkohlenglut heiß gehalten. Ein kleines Kännchen enthielt starken Tee-Extrakt. Wem der Sinn nach einer Tasse Tee stand, füllte sich Extrakt in die Tasse oder das Teeglas und ließ heißes Wasser aus dem Samowar dazulaufen, bis die gewünschte Konzentration des Getränks erreicht war. Zum Tee gibt es in Rußland neben Zucker oder Kandiszucker im allgemeinen eine Zitronenscheibe, oft auch eine süße Konfitüre. Auf russischen Getränkekarten kann man aber auch teegewürzten Wodka finden.

Das größte Angebot an Karawanentee war einst in den zahlreichen Teebuden Petersburgs zu finden. Sie waren „das Schönste, was man in dieser Art auf der Welt findet: europäischer Geschmack, Petersburger Luxus und chinesische Zierlichkeit vereinigen sich, um diese Räume zu schmücken und die Waren wohlgefällig zu ordnen. Die vornehmsten Herrschaften kommen selbst, um ihre Einkäufe zu machen.“ Das Angebot umfaßte mehrere hundert Teesorten. „Der lieblichste Wohlgeruch erfüllt die Räume, in denen es sich so leicht und angenehm atmet, daß man wünschen möchte, ewig in einer Petersburger Teebuden-Atmosphäre atmen zu dürfen. Der Teeduft schmeichelt den Sinnen auf die gefälligste Weise und erfüllt die Seele mit Heiterkeit, und nur ein holländischer Käsehändler, der für nichts enthusiasmiert ist als für den Geruch seines Edamer und seiner Heringsschwänze, kann ohne Begeisterung diese Teeluft genießen.“ Zitiert nach der „Gastrosophie“ des Barons Eugen von Vaerst, Band 2.

Die Zeiten, als sich Teekarawanen mit Hunderten von Tragtieren durch die Weiten Rußlands bewegten, sind längst vorbei. Als „Russischer Tee“ wird heute kein Karawanentee mehr bezeichnet, sondern eine Teemischung nach russischem Geschmack.

Außerdem gibt es russischen Tee aus eigenem Anbau, der auch außerhalb der Sowjetunion öfters anzutreffen ist. Die ersten Versuche, an der südlichen Krimküste Tee anzubauen, stammen aus den vierziger Jahren des vorigen Jahrhunderts, brachten aber keinen nennenswerten Erfolg. Der industrielle Anbau begann erst in den neunziger Jahren, und zwar an der Schwarzmeerküste des Kaukasus, in Georgien, später auch in Aserbaidschan, in einigen Gebieten des Nordkaukasus (um Krasnodar) und in der Ukraine. Der meiste Tee kommt heute aus der Grusinischen SSR, das ist der offizielle Name für Georgien. Im Lande des Samowars wird die Reihe der Teesträucher mit modernen Pflückmaschinen abgeerntet, ein Verfahren, das von empfindlichen Teeliebhabern immer noch abgelehnt wird.

„Russischer Tee“ bezeichnet heute eine ganz besondere Atmosphäre. Nicht nur das Getränk, das im Samowar zubereitet wird, spielt hier eine Rolle, sondern auch die Zutaten wie Zitronenscheiben, Zimt, kandierte Früchte und manchmal auch ein Gläschen Wodka. Früher verstand man unter russischem Tee meist sehr hochwertige Ware, die über Karawanen auf dem langen Landweg nach Europa eingeführt wurde.

БИБЛІОТЕКА
ВЕЛИКИХЪ ПИСАТЕЛЕЙ
подъ редакціей
С. А. ВЕНГЕРОВА
ШЕКСПИРЪ
В. III.
ИЗДАНІЕ
БРОКГАУЗЪ-ЕФРОНА
С.-ПЕТЕРБУРГЪ.
1902.
РУССКО-НЕМЕЦКИЙ

Lassen Sie sich entführen in das Reich der Düfte und des guten Geschmacks. In diesem liebevoll ausgestatteten Bremer Teeladen findet man zahlreiche Teesorten, auch viele Kräutertees. Leicht lassen sich noch willkommene Zutaten für ein reichhaltiges Frühstück oder eine ausgedehnte Teestunde auswählen.

Deutschland, deine Teetrinker

Um 1650 wird der Tee in deutschen Landen zuerst erwähnt. Den Beleg dafür liefern alte Apotheken-Taxen. *Herba thea* kommt 1657 in der Taxe von Nordhausen vor, 1662 in derjenigen von Liegnitz und in derjenigen von Ulm. Als wichtigsten Förderer des Teegenusses feiern die Spezialisten den niederländischen Arzt Dr. Cornelis Dekker (1647–1685). Er stammte aus Alkmaar, studierte vor allem bei dem angesehenen Naturarzt Franciscus Sylvius in Leiden und praktizierte in Amsterdam und Hamburg, bevor ihn der Große Kurfürst Friedrich Wilhelm als seinen Leibarzt nach Berlin holte und ihn zugleich zum Professor an der Universität in Frankfurt an der Oder machte. Dekker ist bekannter unter seinem „Hausnamen" *Bontekoe,* abgeleitet von der Figur einer bunten Kuh am väterlichen Haus. Dr. Bontekoe setzte sich mit aller publizistischen Kraft für den Teeverbrauch ein, vor allem in seinen Schriften „Tractat van het excellenste kruyt thee" aus dem Jahre 1679 und dem einige Jahre danach erschienenen „Gebruik en misbruik van de thee". Nach Bontekoes Überzeugung war Tee für fast alle Gebrechen zu empfehlen, nicht nur gegen die Gicht seines Kurfürsten. „Tee kann einem Menschen, der beinahe am Ende seiner Kräfte ist und gleichsam den einen Fuß bereits im Grabe hat, neue Kraft und neues Leben geben", postulierte er. Nach ausreichendem Teegenuß fühle sich der Mensch „wacker, lustig, stark, fröhlich und voll Kraft". Für ausreichend hielt Bontekoe etwa fünfzig Tassen pro Tag. Es durften aber auch noch mehr sein – erst bei etwa zweihundert Tassen sah er ein naturgegebenes Limit. Neun Kräfte des Tees waren nach Bontekoes Auffassung zu beachten: „Die erste im Mund, die ander Kraft im Magen, die dritte im Gedärme, die vierte im Blut, die fünfte im Gehirn, die sechste wider die Trunkenheit, die siebte wider den Skorbut, die achte, worinnen der Tee die Bäder und warmen Wasser übertrifft, die neunte gegen Fieber."

Nicht gegen alles half der Tee. Als der Doktor selbst eines Tages, erst 38 Jahre alt, auf einer Treppe des Berliner Schlosses unglücklich stürzte, war alle ärztliche Kunst vergebens. Dr. Bontekoes Karriere nahm ein viel zu frühes Ende. Und so konnten auch die Vorwürfe, der Doktor sei von der Niederländisch-Ostindischen Kompanie bestochen worden, niemals aufgeklärt werden. Immerhin hatte er mit seiner Tee-Propaganda sein Teil dazu beigetragen, daß das Volk künftig harmlosere Dinge trank als Schnaps, Bier und Wein.

Tee als Allheilmittel stand auch im Mittelpunkt eines Gedichtes in der um 1700 erschienenen „Vollständigen Natur- und Mineralien-Kammer". Eine Kostprobe aus dem siebenstrophigen Poem:

Wiltu der Gesundheit pflegen
Und vor Krankheit mancher Art
Biß ins Alter seyn verwahrt
Laß dir diß seyn angelegen:
Recipe Edlen Thee!
Der verschafft durch seine Tugend
Daß wir werden wie die Jugend.

Tee, Literatur und Forschung – ein unerschöpfliches Thema. Es ist fast selbstverständlich, daß Dichter wie Goethe sich nicht nur an kühlem Wein erquickten, sondern auch an heißem Tee. Vielfältig sind die Hinweise auf Tee-Empfänge und -Gesellschaften im Werk des deutschen Parade-Autors. So notierte Eckermann im Herbst 1823: „Diesen Abend war ich bei Goethe zu einem großen Tee. Die Gesellschaft gefiel mir. Es war alles so frei und ungezwungen, man stand, man saß, man scherzte, man lachte. Goethe ging bald zu diesem, bald zu jenem und schien immer lieber zu hören und seine Gäste reden zu lassen, als selber viel zu sagen."

Heinrich Heine betrachtete den Tee eher mit Skepsis. So erzählt er von einem Norderney-Aufenthalt des Jahres 1826 und vermerkt über die Ostfriesen: „Sind sie auch auf ihren Schiffen sogar nach den südlichen Ländern gekommen, wo die Sonne blühender und der Mond romantischer leuchtet, so können doch alle Blumen dort nicht das Leck ihres Herzens stopfen, und mitten in der duftigen Heimat des Frühlings sehnen sie sich wieder zurück nach ihrer Sandinsel, nach ihren kleinen Hütten, nach dem flackernden Herde, wo die Ihrigen, wohlverwahrt in wollenen Jacken, herumkauern und einen Tee trinken, der sich von gekochtem Seewasser nur durch den Namen unterscheidet."

Auf der Terrasse der Berliner Konditorei Stehely fielen Heine die berühmtesten Teeverse ein, mit denen er die Empfindsamkeit der Biedermeier-Teesalons dezent verspottete:

Sie saßen und tranken am Teetisch
Und sprachen von Liebe viel.
Die Herren, die waren ästhetisch,
Die Damen von zartem Gefühl.

Über die ästhetischen Tees der Biedermeierzeit ließ sich auch Karl August Varnhagen von Ense, Ehemann der berühmten Rahel Varnhagen, in seinen „Denkwürdigkeiten" aus: „Die hellblauen Zimmer waren geräumig, mit freier Aussicht die gerade Straße hinauf, rückwärts auf hohe Gartenbäume, ganz einfach, ohne Kostbarkeit. Ein paar Bildnisse hingen an der Wand, zwei Büsten, Prinz Louis Ferdinand und Schleiermacher, standen zwischen Blumentöpfen, von Gerät schien nur das Notwendigste vorhanden, aber das Ganze machte dennoch einen eleganten Eindruck, oder vielmehr die Anordnung war so gefällig und bequem, daß sie jenes Behagen hervorrief, das durch die höchste Eleganz bewirkt werden soll und bei den größten Mitteln doch so oft verfehlt wird."

Teetrinker waren Rainer Maria Rilke („Sie saß so wie die anderen beim Tee. Mir war zuerst, als ob sie ihre Tasse ein wenig anders als die andern fasse. Sie lächelte einmal. Es tat fast weh" heißt es in seinem Gedicht „Die Erblindende") und Ludwig Uhland („In Indiens mythischem Gebiete, wo Frühling ewig sich erneut, O Tee, du selber eine Mythe, verlebst du deine Blütenzeit").

Dem Tee ist zu verdanken, daß Heinrich Schliemann das nötige Kleingeld hatte, um Troja auszugraben. Er verdiente einen Teil seines Millionenvermögens durch den Teehandel. In seinen Memoiren heißt es: „Als die Baumwolle aber zu teuer wurde, gab ich sie auf und machte Geschäfte in Tee, dessen Einfuhr auf dem Seewege vom Mai 1862 an gestattet wurde. Meine erste Teeorder an die Herren J. Henry Schröder & Co. in London war auf 30 Kisten; als diese vorteilhaft verkauft waren, ließ ich 1000 und darauf 4000 und 6000 Kisten kommen, kaufte auch zu billigem Preise das ganze Teelager von Herrn J. E. Günzburg in St. Petersburg, der sich ganz vom Warenhandel zurückziehen wollte, und verdiente in den ersten sechs Monaten 140000 Mark an Tee, indem ich noch sechs Prozent Zins vom Kapital hatte."

Ein Denkmal für den chinesischen Tee setzte Annette von Droste-Hülshoff in ihrem sechzehnstrophigen Gedicht „Der Teetisch". Es wird darin von einer Teegesellschaft berichtet, „wo des zopfigen Chinesen Trank im Silberkessel zischet". Die Damen beschäftigen sich mit Strickarbeiten, die Herren „breiten ihrer Weisheit Flittern" aus. Alles geht unerhört chinesisch zu, und so heißt es deshalb auch in der letzten Strophe:

Suche sacht nach deinem Hute,
Freund, entschleiche unterm Lesen!
Sonst, ich schwör's bei meinem Blute,
Zaubern sie dich zum Chinesen.

Zurück zu Goethe. 1806 hatte er endlich seine langjährige Lebensgefährtin Christiane Vulpius geheiratet. Die Weimarer Hofgesellschaft tat sich schwer, sie als Frau Goethe anzuerkennen. Sie beriet auf einem ihrer Teekränzchen darüber, ob es opportun sei, sie einzuladen. Da tat die Hofdame Louise von Göchhausen einen klassischen Ausspruch: „Ich finde, wenn Goethe ihr seinen Namen gibt, können wir ihr doch immerhin eine Tasse Tee geben."

Die Friesen und der Tee

Im Reigen der deutschen Teetrinker nehmen die Friesen, speziell die Ostfriesen, eine Sonderstellung ein. Sie sind seit alters her die begeistertsten Teeverbraucher – ein Viertel der bundesdeutschen Teeimporte entfällt auf Friesland, obwohl hier nur etwa vier Prozent der Bundesbürger wohnen. Als Grund für diese überragende Teeliebe ist die Nachbarschaft zu den Niederlanden anzusehen. Im 17. Jahrhundert belieferten die Holländer ganz Deutschland mit Tee, und speziell das benachbarte Ostfriesland, das überdies vorübergehend eine niederländische Provinz war. Wann genau Ostfriesland mit dem Tee vertraut gemacht wurde, ist nicht mehr festzustellen. Aber es gibt den Bericht über ein Hamburger Schiff, das 1694 zwischen Baltrum und Langeoog auf einem Sandriff strandete. Die Fischer von Westeraccumersiel bargen das Strandgut, darunter auch eine Kiste Tee. Es heißt, die Bewohner von der Waterkant hätten das Strandgut für getrocknetes Gemüse gehalten und deshalb mit einem Stück Speck eine kräftige Suppe daraus gekocht. Erst später lernten sie, ein aromatisch duftendes Getränk aus den Teeblättern zu bereiten.

1751 wurde in Preußen nach britischem und niederländischem Vorbild eine Handelsgesellschaft gegründet, die „Königlich Preußische Asiatische Compagnie in Emden nach Canton und China". Kaufleute aus Emden, Westfalen, Frankreich und den Niederlanden und der preußische Staat waren daran beteiligt. König Friedrich II., Friedrich der Große, war eigens aus Potsdam nach Emden gekommen, um das Gründungsdokument zu unterschreiben. Ihm lag vor allem daran, teure Devisen einzusparen, die sonst an niederländische oder britische Firmen gegangen waren. Billiger war es, den Handel ins eigene Land zu ziehen. Die erste große Teelieferung brachte am 6. Juli 1753 der Segler „König von Preußen" nach Emden. Aber der König ging noch einen Schritt weiter. 1755 verkündete er, „daß von nun an keine anderen Theen in denen königlichen Landen zur Consumtion eingelassen werden sollen als nur von der Asiatischen Handlungs-Compagnie zu Emden".

Indes, die Herrlichkeit dauerte nicht lange. Nachdem die Franzosen im Siebenjährigen Krieg 1757 Ostfriesland vorübergehend vereinnahmt hatten, schloß die Kompanie 1765 ihre Tore. Fortan mußten sich ostfriesische Segler selbst um den Teenachschub kümmern, unterstützt von einer ganzen Flotte niederländischer Schiffe, die in ostfriesischen Häfen registriert waren. Sie belieferten außerhalb Ostfrieslands auch die Teetrinker an der Westküste Schleswig-Holsteins, in Dithmarschen und auf Helgoland.

1768 begann Friedrich der Große einen „Teekrieg". Er wies seine Behörden an, den Kaffee- und Teegenuß einzuschränken und auf Dauer einzustellen. Die Ostfriesen sollten sich mit Ersatzgetränken und mit Bier zufriedengeben. Davon wollten sie aber nichts wissen. 1779 bekundeten die ostfriesischen Landstände: „Der Gebrauch des Thee und Caffe ist hierzulande so allgemein und so tief eingewurtzelt, daß die Natur des Menschen schon durch eine schöpferische Kraft müßte umgekehrt werden, wenn sie diesen Getränken auf einmal gute Nacht sagen sollte!"

Der Alte Fritz verlor den Teekrieg – aber bald spielte Napoleon den Ostfriesen den nächsten Streich, mit seiner Kontinentalsperre, die das Land von den meisten Zufuhren abschnitt. Ein lebhafter Schmuggelbetrieb war die Folge. Britische Segler stapelten ihre Waren auf der britischen Insel Helgoland. Dort konnten sich die Ostfriesen holen, was sie an Waren brauchten. Tee, Kaffee und Kandiszucker wurden teurer. Für ein Pfund Tee mußte man den Gegenwert von 15 1/2 Pfund Butter bezahlen, für ein Pfund Kandis den von 22 Pfund Roggenbrot. Die Franzosen, inzwischen nach den Niederländern Herren des Landes, bedrohten Helgoland-Schmuggler mit der Todesstrafe. Das änderte sich erst mit Beginn der Befreiungskriege.

Zölle und Steuern belasteten den Teehandel auch in den kommenden Jahrzehnten, dazu die Beschränkungen der beiden Weltkriege. 1939 gestanden die soeben ausgegebenen Teekarten den Ostfriesen monatlich zwanzig Gramm Tee zu – das entsprach in normalen Zeiten etwa einem Tagesbedarf. Auch eine Erhöhung auf dreißig Gramm brachte nicht viel. „Wenn wi keen Tee hebben, mutten wi starben“, jammerten alterprobte Teegenießer. Es gab gelegentliche Sonderzuteilungen – und einen lebhaften Schwarzhandel. Erst 1949 wurde die Bewirtschaftung aufgehoben – dafür gab es nun eine extrem hohe Teesteuer. Es wurde weiter schwarzgehandelt. Teeschmuggler, die ihre Ware im doppelten Boden ihres Kraftfahrzeuges beförderten, oder wagemutige Frauen, die den Tee in ihre doppelten Unterröcke einnähten, wurden mit Geld- und Gefängnisstrafen belegt.

Das ist längst vorbei, jeder kann sich seine Ostfriesische Teemischung aus kräftigem Assam- und milderem Javatee leisten. Wie einst trinken die Ostfriesen ihren Tee stark aufgebrüht, über ein Stück Kandis *(Kluntje)* eingeschenkt und mit einer Schicht Sahne (einem *Wulkje Room*) bedeckt. Drei Tassen müssen es mindestens jedesmal sein, denn „dreimal ist Ostfriesenrecht“. Am besten schmeckt der Tee vormittags gegen 11 Uhr beim *Elführtje* oder zur nachmittäglichen *Teetied* gegen 15 Uhr. Andere traditionelle Teepausen finden morgens nach dem Aufstehen und abends vor dem Schlafengehen statt. Für ein *lecker Koppke Tee* muß immer Zeit sein, aber es ist natürlich nicht so, daß die Ostfriesen den ganzen Tag beim Teetrinken vertrödeln. Falls Sie einmal in eine ostfriesische Teegesellschaft geraten sollten: Gästen wird so lange nachgeschenkt, bis sie den Löffel in die leere Tasse stellen. Früher pflegte man die Tasse umzudrehen, wenn sie leer war. Und prahlen Sie nicht mit dem Tee, den Sie zu Hause trinken – für einen Ostfriesen ist der dünne binnenländische Aufguß nichts als *Spölwater.*

Müßte heute Tee nach Friesland geschmuggelt werden, wäre dieser Kutter wohl dazu geeignet.

GRE. 1

USA – die teegeborene Nation

Die ersten Teekisten brachten die Niederländer in die nordamerikanische Kolonie. 1626 hatte der in niederländischen Diensten stehende deutsche Kolonisator Peter Minnewit (um 1580–1641) an der Spitze der unfruchtbaren Granitinsel Manhattan, die er den Indianern abgekauft hatte, die Handelsstation Neu-Amsterdam gegründet. Britische Kolonisten eroberten 1664 die Siedlung, die damals 1500 Einwohner hatte, tauften sie in New York um und machten sie zur Hauptstadt der Kolonien. Von den ersten niederländischen Kolonisten heißt es, sie hätten mit dem Tee nichts Rechtes anzufangen gewußt. Sie kochten aus den Teeblättern eine sirupähnliche dunkelbraune Brühe, die als Getränk verwendet wurde. Die ausgekochten Teeblätter wurden gesalzen und mit Butter verrührt als köstliches Gemüse verzehrt.

Nach dem Eintreffen der britischen Siedler hatten die niederländischen Teeschiffe in New York nichts mehr zu suchen. Segler der Britisch-Ostindischen Kompanie traten an ihre Stelle und versorgten die teegewohnten Auswanderer mit dem Teegetränk. Der Umweg von China über London nach New York hatte vor allem fiskalische Gründe, denn der Tee wurde in London hoch verzollt, bevor er den Weg in die Neue Welt antrat. Beim Ausladen in New York war ein weiterer Zoll der britischen Kolonialbehörden fällig. Das Mutterland verdiente so doppelt an jedem Gramm Tee, was den Bewohnern von Neu-England durchaus nicht behagte. Mehr und mehr tranken sie von der Niederländisch-Ostindischen Kompanie geschmuggelten minderwertigen Tee. 1766 brachten britische Schiffe über 6 Millionen Pfund und Schiffe der Holländer 4,5 Millionen Pfund Tee nach New York. Dazu kamen die geschmuggelten Mengen.

1770 wurden die Steuern für alle britischen Importwaren nach Amerika gestrichen – mit Ausnahme der Teesteuer. Zwar kam es nun zu Direkt-Transporten von China nach New York, aber die Eingangssteuer für Tee blieb erhalten. Schon seit 1765 hatten sich in der Kolonie Geheimgesellschaften, die *Sons of Liberty* (Söhne der Freiheit) gebildet, die vor allem den Widerstand gegen die britische Steuerpolitik organisierten. Sie setzten durch, daß der Export amerikanischer Tabake nach England gestoppt wurde. Vor allem boykottierten sie die Teetransporte der Britisch-Ostindischen Kompanie, zwangen die von den Briten beauftragten Steuereinnehmer, auf ihre Posten zu verzichten, und veranlaßten die Kaufleute, keine Waren mehr aus England zu beziehen. Nach einigen Jahren (1773) wurde der Warenboykott wieder aufgehoben, nur Boston als Teehandelszentrum stimmte dem nicht zu. Hier kam es dann auch bald zu dem entscheidenden Ereignis.

Die Britische Ostindien-Gesellschaft befand sich Anfang 1773 in einer kritischen Phase. Sie hatte sich in London mit riesigen Teevorräten eingedeckt, für deren Absatz einstweilen keine Chance bestand. Helfen konnte nur der Transport größerer Teemengen nach Amerika. Die Regierung in London stimmte dem zu und erlaubte den zollfreien Import in der neuen Kolonie – nur die Zoll-Grundgebühr von Threepence sollte erhalten bleiben. So war die Kompanie rechnerisch in der Lage, ihren Tee billiger anzubieten als die unabhängigen Händler und die Schmuggler. 500000 Pfund Tee wurden sofort verladen; die Segler „Dartmouth“, „Beaver“ und „Eleanor“ machten sich auf den Weg, um die Siedler mit dieser Teemenge zu erfreuen.

Mit diesem Verfahren waren die Neu-Amerikaner aber keineswegs einverstanden. Ihre Wut richtete sich weniger gegen den wirklich nicht erheblichen Threepence-Zoll als gegen das Teemonopol der Ostindien-Kompanie. Während die Teesegler in den Bostoner Hafen einliefen, veranstalteten sie Massenkundgebungen, auf denen gefordert wurde, den Tee wieder nach London zurückzuschicken und

Boston Tea Party 1773, Auslöser für den Unabhängigkeitskampf der späteren USA. Als Indianer verkleidete Freiheitskämpfer warfen aus Protest gegen Einfuhrzölle an das britische Mutterland Teekisten über Bord.

keinesfalls Zoll dafür zu bezahlen. Damit erklärte sich aber der britische Gouverneur Hutchinson nicht einverstanden.

Da die Teeschiffe den Hafen von Boston nur nach Zahlung der Teesteuer hätten verlassen dürfen, schlichen sich am 16. Dezember 1773 als Mohikaner getarnte *Sons of Liberty* auf die drei Teeschiffe und warfen 342 Teekisten über Bord. In weiteren Häfen der Ostküste wurde ebenso verfahren. Schließlich kam es zur offenen Rebellion. In der Schlacht von Lexington errangen die Freiheitstruppen unter George Washington und dem preußischen General Steuben den entscheidenden Sieg über die Engländer. Die *Boston Tea Party* stand so am Beginn der USA. Eine Gedenktafel im Hafen von Boston erinnert an das berühmte Ereignis. Auf ihr ist zu lesen:

„Hier war einst der Platz von Griffin's Kai, wo am 16. Dezember 1773 drei britische Schiffe mit Teeladungen festgemacht lagen. Um König Georgs triviale, aber tyrannische Steuer von Threepence auf ein Pfund abzuschaffen, kamen etwa neunzig, zum Teil als Indianer verkleidete Bürger von Boston an Bord der Schiffe, warfen die Ladungen, insgesamt 342 Kisten, ins Meer und ließen die Welt widerhallen von der patriotischen Tat der Boston Tea Party." Zwar brauchten die US-Amerikaner nun keine Teesteuer mehr zu bezahlen, aber sie fanden nie wieder ein ausgeglichenes Verhältnis zum Tee, im Gegensatz zu den Briten, die immer mehr Tee tranken und brav Teesteuer zahlten. US-Amerika wurde zum größten Kaffeeverbraucher der Welt, und dabei blieb es bis heute.

Die Regatten der Teeklipper

Die USA und Europa in einem wirtschaftlichen Streit, dies ist ein altes, immer wieder aktuelles Thema. Mag im 19. Jahrhundert auch der sportliche Gesichtspunkt für die Öffentlichkeit im Vordergrund gestanden haben, so spielten sich doch in der Hauptsache harte Kämpfe um Märkte und Gewinne ab. Jedenfalls verdanken einige verkehrstechnische Umwälzungen dem Tee entscheidende Impulse.

Als Klipper (wörtlich: Abschneider, Durchschneider) wurden um die Mitte des 19. Jahrhunderts die schnellen, scharf gebauten Teesegler bezeichnet, die den frisch geernteten Tee einer Jahresernte von China nach Europa transportierten und auch den US-amerikanischen Markt bedienten.

Die Britische Ostindien-Kompanie, 1600 vorwiegend für den Gewürzhandel gegründet, machte ihr großes Geschäft in späteren Jahren vor allem mit dem Tee. Weil sie über ein unantastbares Monopol verfügte, hatten es ihre Schiffe, die schwerfälligen und behäbigen *Indiamen,* nicht besonders eilig. Das änderte sich erst, als das Monopol 1834 aufgehoben wurde. Nun mischten viele Konkurrenten im Teehandel mit, und weil für frisch geernteten Tee ein höherer Preis zu erzielen war, hatten es die Teeschiffe nun plötzlich sehr eilig, von Kanton (Guangzhou), Hongkong oder Fuzhou nach London oder New York zu kommen. Mit den bisherigen Schiffen waren aber keine höheren Geschwindigkeiten zu erzielen. Nur die nordamerikanischen Segler vom Typ der Baltimore-Klipper waren schnell genug, für den Teehandel aber zu klein. So lief 1845 in New York eine vergrößerte Klipper-Ausgabe vom Stapel, die „Rainbow". Sie konnte 750 Tonnen laden und fuhr ihre Baukosten schon auf der Jungfernfahrt nach China und zurück herein. Im Gegensatz zu normalen Segelschiffen, die selten mehr als sechs Knoten schafften, brachten es die Teeklipper auf 16, 18 oder sogar über 20 Knoten wie die „Sovereign of the Seas" oder die „Flying Cloud", zwei der schnellsten Segelschiffe aller Zeiten.

Vor allem drei Männer waren es, denen die amerikanischen Klipper immer neue Rekorde zu verdanken hatten. Der erste Konstrukteur, der die neue Linie festlegte, hieß John Willis Griffiths. Der Sohn eines Schiffbauers gab sich nicht damit zufrieden, die Konstruktionsdetails „über den Daumen zu peilen", wie das bisher üblich gewesen war. Er beschäftigte sich mit Mathematik und Physik, ließ sich einen eigenen Wasserbehälter für Versuchszwecke bauen und erfand einen Schiffstyp mit schlankem Rumpf, schnittigem Bug und sehr hohen Masten. Der erste Kapitän, der mit Klippern erfolgreich war und seine Erfahrungen in die Neukonstruktionen einbrachte, hieß Robert W. Waterman. In Gemeinschaftsarbeit von Griffiths und Waterman entstand der Klipper „Sea Witch", mit dem Waterman die Überfahrt von Hongkong nach New York in 74 Tagen und 14 Stunden schaffte – ein Rekord, der niemals gebrochen werden sollte. Der Dritte im Bunde war kein Konstrukteur und kein praktizierender Seemann, sondern ein Statistiker namens Matthew Fontaine Maury. Er wertete Tausende von alten Logbüchern aus und übertrug die detaillierten Angaben über Wetter- und Seebedingungen aller Monate und Seegebiete in Karten und Tabellen, die Kapitäne und Navigationsoffiziere dazu befähigten, jeweils die schnellsten Routen auszuwählen. Maurys „Wind and Current Charts" (Wind- und Strömungskarten) räumten mit vielen traditionellen Vorstellungen auf. Mehr als tausend Kapitäne belieferten Maury mit neuesten Informationen, und bis 1854 verarbeitete der Statistiker mehr als eine Million Auskünfte, allein 380 284 über den Golfstrom im Atlantik. „Bevor ich Ihre Arbeit in den Händen hatte, habe ich den Ozean mit verbundenen Augen überquert", schrieb Kapitän Phinney vom Klipper „Gertrude" an den „Pfadfinder des Meeres".

Die immer schnelleren Reisen der Teeklipper aus den USA versetzten die britischen Reeder in immer größere Aufregung. Bald gab es auch Klipper aus Großbritannien, und die Schiffbauer an der Themse setzten ihren ganzen sportlichen Ehrgeiz darein, schnellere Schiffe zu bauen, als es die Amerikaner konnten. „Wir müssen den Wettkampf gegen unseren gewaltigen, entfesselten Gegner aufnehmen", schrieb die Londoner „Times". „Wir müssen unsere langjährige Erfahrung, unseren unermüdlichen Fleiß und unseren hartnäckigen Willen seiner Jugend, seiner Erfindungsgabe und seinem Eifer einfach entgegensetzen. Dies ist das Rennen eines Vaters gegen seinen Sohn. Eine unbarmherzige Notwendigkeit drängt uns, und wir dürfen nicht verlieren. Unsere Unternehmer und Schiffbauer sollten sich diese Warnung beizeiten zu Herzen nehmen."

Und so geschah es auch. Zwar bauten die Briten kleinere Klipper als die „Yankees", aber schnittig und schnell waren sie auch. Und es dauerte nicht lange, da war zwischen Britannien und den USA ein Schiffbaurausch ausgebrochen, wie es ihn noch nie gegeben hatte. In den gerade fünfzehn Jahren der Klipper-Hochzeit wurden weit über 500 Segler dieses Typs gebaut, und ein Geschwindigkeitsrekord begann den anderen abzulösen.

Am berühmtesten von allen diesen Wettfahrten wurde das *Great Tea Race* des Jahres 1866. Sechzehn Schiffe stellten sich der Herausforderung. Sie wurden auf der Pagoda-Reede von Fuzhou (Foochow) beladen. Fünf von ihnen hatten ernsthafte Siegeschancen: die „Serica" unter Kapitän George Innes, die „Taeping" unter Donald McKinnon, die „Fiery Cross", die von Richard Robinson befehligt wurde, die „Taitsing" unter Daniel Nutsford und die „Ariel", von Kapitän John Keay kommandiert.

Am 24. Mai wurde mit dem Beladen begonnen. Fünf Tage später war die „Ariel" mit 1108000 Pfund Tee an Bord startklar. Sie lichtete die Anker drei Stunden, nachdem die letzte Teekiste an ihren Platz geklopft war, und ließ sich vom Dampfschlepper „Island Queen" den gewundenen Flußlauf des Min-Flusses zur offenen See hinunterziehen. Der Schlepper erwies sich als zu lahm, außerdem kenterte das Lotsenboot, und so kam es, daß die „Ariel" schon an der Flußmündung von der „Fiery Cross" überholt und von der „Taeping" wie von der „Serica" eingeholt wurde.

In geringem Abstand folgte die „Taitsing". Die gesamte Strecke betrug 13200 Seemeilen. Die fünf Klipper erreichten die Sundastraße, überquerten den Indischen Ozean unter allen Segeln, passierten Mauritius und hielten auf das Kap der Guten Hoffnung zu. Am 4. August passierten „Ariel", „Fiery Cross" und „Taeping" den Äquator – die beiden anderen Favoriten spielten schon keine Rolle mehr. Weiter ging die Reise an der Küste Afrikas entlang, durch die Azoren, in den Golf von Biskaya und zum Ärmelkanal. In der Nacht zum 5. September um 1.30 Uhr sichtete Kapitän Keay von der „Ariel" die Leuchtfeuer Bishop und St. Agnes an der Südküste Englands. Keay ließ alle Segel setzen und trieb sein Schiff den Ärmelkanal entlang. Am Abend sah er einen seiner Rivalen querab an Steuerbord – es war die „Taeping". Am 5. September lieferten sich „Ariel" und „Taeping" auf dem Kanal eine wilde Jagd. Vor Dungeness nahmen die beiden Klipper Lotsen auf. An den Downs war die „Ariel" der „Taeping" immer noch um eine Seemeile voraus. Bei einer Geschwindigkeit von 14 Knoten entsprach das aber nur einem zeitlichen Vorsprung von acht Minuten – nachdem beide Klipper in 99 Tagen 13200 Seemeilen zurückgelegt hatten. Noch war nichts entschieden. Die „Ariel" lag schon um 21 Uhr vor dem East India Dock, konnte aber wegen des zu niedrigen Wasserstandes nicht anlegen. Inzwischen war die „Taeping" an ihr vorbeigezogen zum London Dock, wo sie genau um 22 Uhr festmachte – sie hatte einen geringeren Tiefgang. Am 7. September wurde die „Taeping" zum Sieger erklärt. Siegprämie und Bonus wurden jedoch unter den beiden Schiffen geteilt, was der Öffentlichkeit keineswegs behagte. In den Zeitungen wurde noch wochenlang darüber diskutiert, ob nicht doch die „Ariel" zum alleinigen Sieger hätte erklärt werden müssen. Die

„Serica“ machte am Abend des 6. September fest. „Fiery Cross“ und „Taitsing“ trafen zwei Tage später ein.

Die Zeit der Klipper ging zu Ende, nachdem 1869 der Suezkanal eröffnet wurde – er war für Segler nicht geeignet, sondern gehörte den Dampfschiffen, die sich immer mehr in den Vordergrund schoben, aber noch viele Jahre brauchten, bevor sie die Geschwindigkeit der Klipper übertrafen. Auf Bildern und Schiffsmodellen vom Ende des 19. Jahrhunderts kann man die eleganten Klipper heute noch bewundern – und am Greenwich Pier in London in natura, wo einer der berühmtesten Klipper zur Besichtigung steht, die „Cutty Sark“, die einst das Segelzeitalter zu einem glorreichen Höhepunkt brachte. Der Name des Seglers, übersetzt „Kurzes Hemd“, geht auf eine schottische Sage zurück. Sie erzählt von dem Bauern Tam o'Shanter, der in einer stürmischen Nacht über einen Friedhof nach Hause ritt. Im Schein der Blitze sah er eine Schar von Hexen tanzen. Eine von ihnen war jung und hübsch und trug ein aufreizend kurzes Hemd – im schottischen Dialekt *cutty sark* genannt. Diesen Namen gab der Schotte Jock Willis dem Teeklipper, den er 1868 in Auftrag gegeben hatte. Die „Cutty Sark“ fuhr zehn Jahre lang auf der Teeroute, transportierte dann jahrelang Schafwolle aus Australien und beendete ihr Dasein als Steinkohlenfrachter für die neumodischen Dampfschiffe.

Teehandel als Motor für eine faszinierende technische Episode. Der Klipper „Flying Cloud", die „Fliegende Wolke", soll für die vorläufig letzte Blütezeit der Segelschiffahrt stehen. Immer perfektere, größere und schnellere Segelschiffe wurden ab 1850 in den USA und England gebaut. Ein Geschwindigkeitsrekord löste den anderen ab. So gelangte der Tee der neuen Ernte frisch in die Tausende von Seemeilen entfernten Handelszentren. Doch 1869 wurde der Suezkanal eröffnet, den nur Dampfschiffe befahren konnten. Damit waren die schnellen Klipper auf der Teeroute von Asien nach Europa kaum mehr gefragt. Denn trotz ihrer anfangs höheren Geschwindigkeiten konnten sie den weitaus längeren Weg um die Südspitze Afrikas herum nicht wettmachen.

Teeanbau in aller Welt

Es gibt keinen Erdteil, auf dem nicht mit dem Teeanbau Erfahrungen gesammelt worden wären, nachdem in Indien und Sri Lanka die Produktion aufgebaut wurde, die heute noch den Weltmarkt beherrscht. Nicht immer kann der Erfolg allerdings als durchschlagend bezeichnet werden.

Der **indische Teeanbau,** heute der bedeutendste der Welt, geht auf Initiativen der britischen Kolonialmacht zurück. Dabei kann von „indischem“ Tee in dieser Pauschalierung nicht die Rede sein. Die einzelnen Teegebiete im Norden und Süden des Landes bringen doch sehr unterschiedliche Erzeugnisse hervor.

Erste Versuche mit dem Teeanbau stammen vom Ende des 18. Jahrhunderts. Um 1780 baute der britische Oberst Kyd in Kalkutta einige aus Kanton stammende chinesische Teesträucher an. Die Ergebnisse waren hoffnungsvoll, sie veranlaßten Sir Joseph Banks, einen Begleiter von James Cook auf dessen Weltumsegelung, der Britisch-Ostindischen Kompanie den Teeanbau nachdrücklich ans Herz zu legen – allerdings ohne Erfolg, denn die Kompanie verdiente am Teehandel mit China und legte keinen Wert darauf, sich selbst eine Konkurrenz heranzuzüchten.

Assam: 1823 entdeckte der britische Major Robert Bruce an den Abhängen des Manipur-Gebirges, im Grenzgebiet von Assam und Birma, wildwachsende Teebäume. Daß es sich dabei wirklich um Tee handele, wurde von Dr. Wallich, Wissenschaftler des botanischen Gartens von Kalkutta, zunächst bezweifelt. Erst ein zweiter Bericht von einem Offizier der Assam Light Infantry, Andrew Charlton, überzeugte auch die Fachleute. Bei den von Charlton in Oberassam und von den Botanikern McClelland und Griffith bei Sadiya in Lakhimpur gefundenen Pflanzen handelte es sich wirklich um echten Tee, wobei man zunächst davon ausging, daß es eine Art Schwesterpflanze des chinesischen Tees, der *Thea sinensis*, sein müsse. Die neuentdeckten Teebäume wurden dann auch als *Thea assamica* bezeichnet. Für so ganz richtigen Tee hielt man die neuen Pflanzen nicht, sondern für entartete Pflanzen. Deshalb wurden China-Teepflanzen besorgt, in Kalkutta herangezogen und in den geeigneten Gebieten, vor allem in Assam, auf Plantagen versetzt. Erst später kam man darauf, Assampflanzen anzubauen, und noch später setzten sich Kreuzungen aus Assam- und Chinapflanzen durch, die Assamhybriden, die heute die meisten Plantagen der Welt bestücken.

Um den Anbau in der Provinz Assam kümmerte sich vor allem die 1839 in London gegründete Assam Tea Company, eine kapitalstarke Gesellschaft, die allen Widerständen zum Trotz für den Teeanbau beiderseits des Brahmaputra eintrat – auch wenn es in eingeweihten Kreisen hieß, Teeanbau in Assam heiße Geld in den Brahmaputra werfen.

Darjeeling: Ein weiteres Teegebiet wurde ab 1834 an den Hängen des Himalaja, im Bereich von Darjeeling, erschlossen. Um diese Pflanzungen machte sich vor allem der Generalgouverneur in Kalkutta, Lord William Bentinck, verdient. Lord William gründete ein Komitee, das sich um den Teeanbau kümmern und das chinesische Monopol brechen sollte. Tatsächlich stach schon vier Jahre nach der Komiteegründung, 1838, das erste Schiff mit zwölf Kisten Assamtee in Kalkutta in See. – Im Lauf der Jahre wurden weitere Teedistrikte erschlossen. Heute kommt Tee aus den nordindischen Gebieten Assam, Dooars und Darjeeling und aus den südindischen Plantagen von Nilgiri und Travancore. Allein zweitausend Teegärten gibt es im Bereich von Assam. Sie liefern einen besonders kräftigen, aromatischen Tee, der sich auch gut als Mischungsgrundlage eignet. Darjeeling dagegen zeichnet sich durch ein feines, liebliches Aroma aus und wird von allen Tees am höchsten bewertet. Probleme mit der Britisch-Ostindischen Kompanie gab es nach Beginn des

Je jünger und zarter die Blätter und Knospen der Teepflanze gepflückt werden, um so feiner wird das Aroma des Getranks.

indischen Teeanbaues nicht mehr – das Monopol der Kompanie war 1835 ausgelaufen und wurde nicht erneuert.

Ganz anders war die Entwicklung auf der Insel **Ceylon**, die heute Sri Lanka heißt. Ceylon war von 1656 bis 1796 niederländisch. Dann kamen die Engländer, die die Insel in eine riesige Kaffeeplantage verwandelten. Daneben wurde Chinin erzeugt und Ceylonzimt kultiviert. Doch in der zweiten Hälfte des 19. Jahrhunderts ging es mit dem Kaffeeanbau bergab. Tierische und pflanzliche Schädlinge wüteten in den Plantagen und vernichteten die meisten Kaffeebäume. Es war höchste Zeit, für eine neue Verdienstquelle zu sorgen. Den Anfang machte der junge Schotte James Taylor. Er beschaffte sich Teepflanzen aus China und Assam und baute sie auf seiner kleinen Plantage in Loolecondera an – mit gutem Erfolg. Der Londoner Teehändler Thomas Lipton kaufte eine Reihe ehemaliger Kaffeeplantagen, die nun preiswert zu haben waren, stellte sie auf Tee um und hatte nun das ganze Geschäft von der Produktion bis zur Vermarktung in der Hand.

Innerhalb weniger Jahre wurde Ceylon zu einem der wichtigsten Teelieferanten der Welt. Hauptanbaugebiete sind Uva im Osten, Dimbula und Dickoya im Westen der Insel und dazwischen das Hochland von Nuwara Eliya. Die Arbeiter im Hochland sind Tamilen, die aus Südindien herangebracht wurden. Lange Zeit staatenlos, erhielt ein Teil von ihnen die Staatsangehörigkeit der Insel. Ein anderer Teil wurde nach Indien wiedereingebürgert. Daneben ist der Konflikt zwischen den anderen, schon viel länger auf Ceylon ansässigen Tamilen und den Singhalesen weiter ungelöst.

Viel mühsame Handarbeit steckt im Anbau und in der Verarbeitung des Tees. Links ein Eindruck aus dem berühmten Gebiet Nuwara Eliya auf Ceylon/Sri Lanka, oben eine Pflükkerin auf der gleichen Insel. Sie sammelt täglich bis zu dreißig Kilogramm frische Teeblätter, das können Zehntausende von Schößlingen sein.

Indonesien: Auf der indonesischen Hauptinsel Java wurde der Tee 1826 eingeführt. Der Naturforscher Dr. Philipp Franz von Siebold wurde von der Kommission für den Landbau in Batavia (heute Djakarta) veranlaßt, einige hundert japanische Teepflanzen nach Java zu schicken, wo sie vom ostindischen Garten in Buitenzorg angepflanzt wurden. Für den weiteren Aufschwung sorgte der Rotterdamer Teehändler Jacobsen, der Teeanbau, -verarbeitung und -handel viele Jahre lang in China an Ort und Stelle kennengelernt hatte und nun seine Erfahrungen auf Java in die Tat umsetzen konnte. Schon 1829 lieferte er der Regierung von Niederländisch-Indien die ersten Kisten grünen und schwarzen Tee. Im selben Jahr konnte Jacobsen einige Teesträucher aus China nach Java mitbringen. Sie wurden in Tschiserup angepflanzt. Die aus ihnen gewonnenen Teesamen bildeten die Grundlage zahlreicher Plantagen. Schon 1833 wuchsen allein in der Provinz Krawang etwa 500000 Teepflanzen. Bis 1865 fand der Teeanbau auf Java unter Aufsicht der niederländischen Kolonialregierung statt. Sie trennte sich in diesem Jahr von der Teekultur und überließ sie künftig freien Unternehmern, die ab 1873 darangingen, die alten chinesischen Pflanzen durch Assamhybriden zu ersetzen.

Erst im 20. Jahrhundert wurde auch Sumatra für den Teeanbau erschlossen. Es entstanden vor allem an der Ostküste großflächige, nach modernsten Methoden bewirtschaftete Plantagen. Indonesischer Tee wird in den meisten Verbrauchsländern als Grundlage von Mischungen verwendet. Es gibt aber auch Spitzenprodukte, die es mit Kreszenzen aus Assam und Ceylon aufnehmen können. Europäische Importhäfen für indonesischen Tee sind vor allem Antwerpen, Amsterdam, Rotterdam, Bremen und Hamburg.

Afrika: Unter den afrikanischen Teeländern steht Kenia bei weitem an der Spitze. Die fruchtbaren Hochlandplantagen im Gebiet von Kericho liefern neben erfreulichen Massentees auch vorzügliche Spezialitäten, vor allem nach dem Teegeschmack der Briten, die diese Plantagen einst anlegten. Andere afrikanische Teeproduzenten sind Malawi und Moçambique, wo einst die Portugiesen erste Teeplantagen anlegten, ferner Tansania und Kamerun, wo die Anpflanzungen auf die deutschen Kolonialherren zurückgehen, und die Republik Südafrika, die jedoch nur kleinere Mengen exportiert.

Die ersten Anbauversuche in **Brasilien** fanden 1810 statt, brachten aber keinen dauerhaften Erfolg, weil die Brasilianer lieber Mate-Tee trinken und lieber Kaffee anbauen, der bei weniger Arbeit größere Erfolge verspricht als Tee. Recht gute Ergebnisse hatte dagegen das Plantagenland Guatemala aufzuweisen – ob sie von Dauer sein werden, ist abzuwarten.

Morgengrauen über der Plantage Rancabolang auf Westjava, südlich von Bandung. Hier bestimmen Bergketten vulkanischen Ursprungs die Landschaft, in der das Klima das ganze Jahr hindurch Tee-Ernten zuläßt.

Versuchspflanzungen in den USA, vor allem in Kalifornien, Südkarolina und Texas, wurden bald wieder aufgegeben, weil die klimatischen Verhältnisse nicht ausreichten. Außer in Queensland läßt auch das australische Klima einen Teeanbau nicht zu. Was in der **Türkei** und im **Iran** an Tee geerntet wird, wird fast ausschließlich für den Eigenbedarf verbraucht. Ähnlich ist es mit den sowjetischen Tee-Ernten aus Grusinien, von denen schon die Rede war – sie müssen noch durch Importe ergänzt werden.

Taiwan liefert nach chinesischem Vorbild in erster Linie grünen Tee und halbfermentierten Oolong. Schon vor dem Zweiten Weltkrieg gab es Anbauversuche auf den Inseln Mauritius, Jamaika, den Azoren, auf den Fidschi-Inseln und auf Borneo – allein auf **Mauritius** führten die Bemühungen zu zählbaren Erfolgen. **Vietnam** konnte sich wieder eine beachtliche Produktion aufbauen, nachdem die langen Kriegsjahre dem Land auch hierin geschadet hatten. Geerntet und exportiert wird ausschließlich Grüntee.

Die Kulturpflanze Tee

Die Teepflanze kommt in zwei Varietäten vor: *Thea* (*Camellia*) *sinensis,* Chinesischer Tee, und *Thea* (*Camellia*) *assamica,* Assamtee. Welche der beiden die ursprüngliche ist, konnte bisher nicht eindeutig geklärt werden. Der Name *Thea* war schon im 17. Jahrhundert allgemein bekannt, wurde aber als botanische Bezeichnung erst durch Carl von Linné und Engelbert Kämpfer eingeführt. Der im größten Teil Chinas übliche Name *tscha* oder *tschia* ging auch in das Japanische (*tsja*), Russische (*tschai*) und Portugiesische (*chá*) über. Auf südchinesische Bezeichnungen (*tia, tai* oder *ta*) gehen die Namen bei den anderen europäischen Völkern zurück: *tea, té, thé,* Tee und das lateinische *Thea*.

Die Stammpflanze des chinesischen Teestrauchs wird bis zu vier Meter hoch, die des Assamtees soll Höhen über zwanzig Meter erreichen, wenn man sie ungehindert wachsen läßt. Beide Arten sind immergrün und haben eine Pfahlwurzel, die bis zu fünf Meter lang werden kann. Die Blätter beider Arten sind kurzgestielt mit einer lederartigen Oberfläche. Sie sind lanzettförmig, elliptisch oder eiförmig, ihr Rand ist gesägt. Blattknospen und junge Blätter sind an der Unterseite behaart und haben einen silbrigen, seidenartigen Glanz. Die Blätter des Assamtees sind wesentlich größer als die des Chinatees. Die jasminartigen Blüten sind einzeln oder zu mehreren in den Blattachseln angeordnet. Die runden Früchte bilden dreifächerige Kapseln mit einem bis drei kirschkerngroßen Samen.

Der Teestrauch wächst sowohl in der Ebene als auch in tropischen Gegenden in Höhenlagen bis zu 2000 Meter und mehr. Chinatee ist unempfindlicher als Assamtee, er verträgt sogar Temperaturen bis zu minus 3 °C. Beide Arten sind auf eine hohe Luftfeuchtigkeit und auf regelmäßige Niederschläge angewiesen. Der Boden soll durchlässig, locker und leicht sauer sein. Vor allem darf er kein stehendes Grundwasser haben. Tee wird deshalb mit Vorliebe an Berghängen angebaut, die möglichst sonnig liegen.

Vermehrt wird der Teestrauch traditionell durch Samen. Die jungen Pflanzen werden in einem Saatbeet herangezogen und dann in die Plantage verpflanzt. Seit einigen Jahrzehnten wird die vegetative Vermehrung bevorzugt. Dazu werden Stecklinge verwendet. Es ist aber auch üblich, Reiser auf vorhandene Unterlagen zu pfropfen oder zu okulieren.

Die jungen Pflanzen werden regelmäßig beschnitten, um sie zu vermehrtem Austreiben anzureizen, vor allem aber, um sie auf eine Höhe zu begrenzen, die das Pflücken von Hand ermöglicht, also auf etwa 1,20 Meter oder drei bis vier Fuß. Solange die Sträucher sich noch nicht bodendeckend entwickelt haben, muß regelmäßig Unkraut gejätet werden. Tierische und pflanzliche Schädlinge werden nach Möglichkeit mit biologischen Mitteln bekämpft. Die Bodendüngung muß den Pflanzen vor allem Stickstoff zuführen.

Im allgemeinen können neu angelegte Pflanzungen vom dritten Jahr an, in den Subtropen vom fünften Jahr an, regelmäßig abgeerntet werden. Das geschieht in den Hauptanbaugebieten von Hand, Maschinen werden hier nur für die Bodenbearbeitung und den Transport verwendet. Die besten Teesorten bestehen nur aus den Knospen und den obersten beiden Blättern (*two leaves and a bud* heißt das Schlagwort). Ältere, untere Blätter kommen nur für billigere Teesorten in Frage. Gepflückt wird in den Gebieten um den Äquator das ganze Jahr über alle sieben bis zehn Tage. Eine Ruhepause wird nur während der Perioden schwacher Vegetation und während der Regenzeit eingeschaltet.

Geschickte Pflückerinnen liefern in China durchschnittlich zehn bis zwölf Kilogramm Teeblätter pro Tag ab, in Assam hier und da bis zu fünfunddreißig Kilogramm. 3000 bis 3500 Schößlinge entfallen in China auf ein Kilogramm, in Assam bis 1000 Schößlinge.

Bisher hat sich die maschinelle Pflückweise, wie hier in Japan bei grünem Tee, nicht in breitem Maß durchgesetzt. Für mittlere und hohe Qualitäten, wenn es darauf ankommt, lediglich „two leaves and a bud" zu sammeln, ist Handarbeit unerläßlich.

Eine Pflückerin, die an einem Arbeitstag also 10000 bis 30000 Schößlinge pflücken will, muß schon sehr geschickt und erfahren sein. Die in einem Tragkorb gesammelten frischen Teeblätter werden in die Fabrik gebracht oder an einer Sammelstelle abgeliefert, gewogen und der Pflückerin gutgeschrieben. Dabei muß es schnell gehen, damit die Blätter in der heißen Sonne nicht schon vorzeitig zu fermentieren beginnen, was ihrer Qualität schaden würde. Drei Pflückungsarten werden traditionell unterschieden. Bei der kaiserlichen Pflückung (*Imperial plucking*) wandert nur die Knospe mit einem zusätzlichen Blatt in den Korb. Tees dieser Sorte, für den Kaiserhof und die höchsten Mandarine bestimmt, durften nur Jungfrauen pflücken, die mit goldenen Scheren ausgerüstet waren und die Knospen behutsam in goldene Körbchen legten. Einen Kaiser gibt es in China nicht mehr, und so gehört auch das *Imperial plucking* der Geschichte an. *Fine plucking* betrifft die Knospe und die beiden obersten Blätter. Das ist schon aufwendig genug und kommt deshalb nur für die großen Gartentees in Frage. Am meisten ist das *Coarse plucking*, die dritte Kategorie, anzutreffen – für verwöhnte Teekenner ist das Ergebnis dieser Pflückweise schon nicht mehr exklusiv genug.

Zu unterscheiden ist außerdem nach dem Zeitpunkt der Pflückung. Beim ersten „Durchgang" nach dem Nordostmonsun wird in Nordindien der feinwürzige *First flush* geerntet. Von Mai bis Ende Juni folgen die *Second-flush*-Ernten, die schwerere und würzigere Tees ergeben. Während des Südwestmonsuns von August bis Oktober werden „Regentees" gepflückt und in der kühlen Jahreszeit hier und da *Autumnals*, Herbsttees. Beide „Spätlesen" können es an Qualität nicht mit den *Second flush*-Ernten aufnehmen, auch wenn manchmal Gegenteiliges behauptet wird.

Zwischen November und März wird in Nordindien nicht geerntet. Das ganze Jahr über sind die Pflückerinnen aber in Südindien, auf Java und Sumatra bei der Arbeit. Im Hochland kann hier alle acht bis zwölf Tage geerntet werden, in der Ebene sogar alle fünf bis acht Tage. Nach vier bis fünf Erntejahren braucht der Teestrauch eine Pause. Er wird bis auf den knorrigen Stamm zurückgeschnitten und darf nun ganz neu austreiben. So werden Teesträucher jung gehalten, die schon achtzig oder hundert Jahre alt sind.

Eindrücke vom Teeanbau: Die Anzucht junger Pflanzen erfolgt heute üblicherweise durch Einpflanzen von Stecklingen (oben und links). Blüten und Samen (rechts oben) für den herkömmlichen Weg der Vermehrung sind nur noch die Ausnahme. Die Pflanzen werden regelmäßig beschnitten (ganz rechts oben), um sie frisch und auf pflückfreundlicher Höhe zu halten. Die Büsche gedeihen am besten unter dem schütteren Schattendach höherer Bäume, wie rechts in einem Teegarten in China.

Der Weg vom grünen frischen Teeblatt bis zur braunen, ja fast schwarzen Handelsware Schwarztee ist lang: Nach dem Welken und Rollen folgt der dritte Verarbeitungsschritt, das Fermentieren (links). Hierbei oxidieren und gären – laufend überwacht – die nach dem Rollen ausgetretenen Zellsäfte. Zuletzt wird mit Hilfe von Rüttelsieben sortiert (oben).

Die Verarbeitung des Tees

Es gibt grünen und schwarzen Tee. Beide sind Produkte der Teeverarbeitung und stammen von derselben Pflanze. Noch im vorigen Jahrhundert war man anderer Ansicht. „Es giebt zwei Arten von Theepflanzen", schrieb 1833 das weit verbreitete „Pfennig-Magazin". „Der braune Thee und der grüne Thee. Der braune Thee (*Thea bohea*) ist ein mehre Jahre ausdauernder, 5 bis 6 Fuß hoher Strauch, der, so viel man weiß, blos in China und auf Japan wild angetroffen wird... Der grüne Thee (*Thea viridis*) kommt dem braunen im Wuchse gleich, nur sind seine Blätter länger und die Blüthen haben 9 (gegen 6 beim braunen Thee) Kronenblätter. Der grüne Thee hat mit dem braunen einerlei Vaterland."

Tee aus der Teefabrik

Innerhalb von sechs Stunden muß, so die Regel, der frisch gepflückte Tee in der zur Plantage gehörenden Teefabrik verarbeitet werden. Es erwarten ihn dort vier Arbeitsgänge, die aus den geschmack- und geruchlosen grünen Teeblättern köstlich aromatischen schwarzen Tee produzieren: **Welken, Rollen, Fermentieren** und **Trocknen**. Die frischen Teeblätter werden bei Temperaturen zwischen 25 und 35 °C und zwischen 8 und 24 Stunden getrocknet, sie welken. In dünner Schicht liegen sie dazu auf großen, meist drahtbespannten Hürden und werden von Ventilatoren mit warmer Luft befächelt. Bei diesem Vorgang verlieren die Blätter viel von ihrer natürlichen Feuchtigkeit. Ein Fachmann, der *tea maker*, entscheidet, wann der Welkprozeß beendet ist, denn für den nächsten Arbeitsgang ist es wichtig, daß sich die Blätter rollen lassen, ohne zu brechen.

Bei Arbeitsgang Nummer zwei, dem maschinellen Rollen der Teeblätter, brechen die Zellwände auf, ohne daß das Teeblatt zerquetscht wird. Nun kann sich der Luftsauerstoff mit dem Zellsaft verbinden – der Fermentierungsprozeß beginnt. Gleichzeitig wird aus den Blättern gerbstoffhaltiger Saft herausgepreßt. 30 bis 60 Minuten dauert dieser Vorgang.

Beim Fermentieren entwickeln sich Geschmack und Aroma des Tees. Die Fermentation ist ein Oxidations- und Gärungsprozeß des beim Rollen austretenden Zellsaftes. Sie bewirkt die Änderung der Farbe und die Entstehung des charakteristischen Aromas. Auch andere für den Geschmack des Tees wichtige Stoffe, die zum Teil nur in sehr heißem Wasser löslich sind, werden durch die Fermentation freigelegt.

Das Trocknen, Feuern oder Rösten verleiht dem Tee die nötige Haltbarkeit. Der Trockenvorgang schließt sich an die Fermentation an. In Maschinen trocknet der Tee etwa 20 Minuten bei Temperaturen von 85 bis 100 °C. Man setzt dabei den etagenartig gelagerten Tee stufenweise verschieden heißer Luft aus.

Der „Rohtee" wird nun nach Blattgrößen aussortiert und dann auf den Auktionen den Tee-Agenten der großen Teehandelshäuser angeboten. Sie wählen Proben aus und schicken diese per Luftfracht in ihr Handelshaus. Dort begutachten *tea taster* die aromatische Fracht. Die sensiblen Geschmacksnerven der Tee-Experten entscheiden bei einer Kostprobe, welche Tees für die Produktion verwendet werden sollen. Die ausgewählten Partien werden sofort per Telex in dem exotischen Anbauland geordert.

So entsteht grüner Tee

Noch im vorigen Jahrhundert war aller Tee grüner Tee. Die Chinesen produzierten überhaupt nichts anderes und sind auch heute noch Meister in der Kunst, hervorragende grüne Teequalitäten zu erzeugen, obwohl aus China längst auch große Mengen Schwarztee kommen. Japan dagegen stellt nur grünen Tee her. Auf Grüntee spezialisiert, daneben auf halbfermentierten Oolong, haben sich auch die Teeanbauer der Republik China, also Taiwans. Der größte Teil des grünen Tees wird in den Erzeugerländern verbraucht. Liebhaber von Grüntee sind aber auch viele Teetrinker in den USA und in Nordafrika. In Japan ist der grüne Tee seit jeher unabdingbarer Bestandteil der Teezeremonie. In Europa hat der Grüntee in den letzten Jahren viele neue Freunde gewonnen, vor allem unter jungen Menschen.

Bei der Herstellung des grünen Tees werden die frischen Teeblätter in Metallbehältern einige Sekunden lang bei Temperaturen um 100 °C geröstet. Die in den Zellen enthaltenen Enzyme werden dabei abgetötet, so daß keine Fermentation mehr eingeleitet werden kann. Bereitet man grünen Tee mit kurz aufgekochtem, dann aber auf 70 bis 60 °C abgekühltem Wasser zu, dann wird er trotz der in vollem Umfang verbliebenen Gerbstoffe nicht zu herb oder gar bitter. Außerdem kann so wenigstens ein Teil des im frischen Teeblatt sehr hohen Vitamin-C-Gehalts erhalten werden. Während des an das Rösten anschließenden Trocknens werden die Teehäufchen mehrmals mit der Hand durchgearbeitet. Dabei nehmen die Blätter ihre endgültige dunkelgrüne Farbe an.

Beim abschließenden Siebvorgang werden die einzelnen Blattgrößen voneinander getrennt. Auf diese Weise wird der grüne Tee in China schon seit Jahrhunderten hergestellt. Die Japaner haben den Herstellungsvorgang weiter rationalisiert und mechanisiert, angefangen bei der Ernte mit Pflückmaschinen, die von nur zwei Personen bedient werden (siehe Seite 53). Bei ihnen ist der grüne Tee ein Massenprodukt, das es allerdings an Qualität nicht immer mit chinesischem grünem Tee aufnehmen kann. Der halbfermentierte Oolongtee entsteht nach dem Vorbild des schwarzen Tees, er macht aber nur eine abgekürzte Fermentation durch. Der getrocknete Oolong wird nicht nach Größe sortiert, es gibt ihn nur in ganzen Blättern.

Die CTC-Methode

Die Teeherstellung nach dem traditionellen Verfahren ist schon seit Jahrzehnten weitgehend mechanisiert und automatisiert. Noch einen Schritt weiter geht die sogenannte CTC-Methode mit ihrem abgekürzten Produktionsverfahren.

Der Name ist abgeleitet von den englischen Bezeichnungen *crushing* (C) = zermahlen, *tearing* (T) = zerreißen und *curling* (C) = rollen. Bei der CTC-Technik werden die Blätter nur kurz gerollt, ausgesiebt und zwischen stachelbewehrten Walzen zerkleinert, dann erst fermentiert. Rund drei Viertel des aus Indien stammenden Tees werden heute nach der CTC-Methode aufbereitet. Es handelt sich dabei immer um *Broken-Tees.* Blatt-Tees können nach dem CTC-Verfahren verständlicherweise nicht hergestellt werden, da die Teeblätter stets zerkleinert werden. Für die Teeproduzenten ist das CTC-Verfahren wirtschaftlicher als die herkömmliche Methode, weil auch größere und ältere Blätter mitverarbeitet werden.

Blatt-Tee und Broken Teas – die Blattgrade

Auf Teepackungen und -preislisten finden sich oft geheimnisvolle Abkürzungen, manchmal aus vielen Buchstaben. Sie bezeichnen die Sortierungsgrade des Tees und sind vor allem als Größenhinweise zu verstehen. Die Skala reicht vom vornehmen Blatt-Tee bis zum feinsten Staub, noch geeignet für Teebeutel. Die getrockneten Teeblätter werden über Rüttelsiebe sortiert. In Verbindung mit der Herkunft können die Kürzel aber auch Hinweise über die zu erwartende Qualität geben. Denn: Normales Wetter und günstige Erntebedingungen vorausgesetzt – es gibt schon Unterschiede im Aroma des schwarzen Tees, ob er nun von einem Hochgebirgsrand wie Darjeeling oder aus einer feuchtheißen Tiefebene wie Assam kommt.

Qualität und Geschmack des Schwarztees werden von mehreren Einflüssen bestimmt: Anbaugebiet, günstiger Wetterverlauf vor der Ernte, sorgfältige Verarbeitung, sachgerechte und nicht zu lange Lagerung. Die Sortierung nach der Größe und ihre Bezeichnung zählt zur Verarbeitung. Die oft geheimnisvollen Abkürzungen finden sich auf Packungen losen Tees wieder. In Indien werden neun Sortierungsgrade unterschieden, davon 1 bis 3 für ganze Blätter und 4 bis 9 für Brokentee und noch feineren Fannings.
Die vier abgebildeten Teesorten stammen aus Darjeeling im Nordosten Indiens, wo ein jahreszeitlich ausgeprägtes Gebirgsklima sich günstig auf das Aroma des Tees auswirkt. Hinten links ein Häuflein Fine Tippy Golden Flowery Orange Pekoe 1 (FTGFOP 1 = Grad 1), hinten rechts ein Golden Broken Orange Pekoe (GBOP = Grad 4).
Zwei Teesorten hier weichen von diesem Schema blumiger Bezeichnungen ab. Vorne rechts ein Golden Orange Fannings (GOF), und der große Haufen vorne links ist Special Tippy Tea, ein Spitzenprodukt, das nur in wenigen Teegärten der Welt hergestellt wird.

Zu den verwendeten Fachausdrücken: *Tippy Golden* steht für einen hohen Anteil an feinen Teeblättchen, an denen heller Flaum haftet – der bleibt auch nach der Fermentation erhalten und bindet den beim Rollen ausgetretenen, karamelisierten Zellsaft. *Flowery* meint zarte und feine, „im Aufblühen" begriffene Blattanteile. *Orange* weist nicht auf eine Farbe hin, sondern auf königliche Qualität – nach dem niederländischen Haus Oranien. *Pekoe* nannte man früher das dritte Blatt beim Pflücken, *Souchong* die weiteren, älteren Blätter. *Fannings* sind die zweitkleinsten Blätter bei der Sortierung, *Dust* und *Powdery* die feinsten Teile, die noch verwendet werden.

Die Arbeit des tea tasters

Für den *tea taster* (Teeverkoster) ist der Beruf Geschmackssache. Er und seine Kollegen werden für ihre hochsensiblen Geschmacksnerven gut bezahlt. Ihre Arbeit entscheidet darüber, welche Tees aus dem Riesenangebot der rund 15000 Teegärten gekauft und zu Markentee-Mischungen verarbeitet werden sollen. Schnupfen kann sich ein tea taster nicht leisten. Mit belegter Zunge läßt sich die Qualität eines Tees nicht schmecken. Am besten sollte ein Teeverkoster auch auf Tabakgenuß verzichten. Am frühen Morgen reagieren die Geschmacksnerven am empfindlichsten. Deshalb beginnt das Zeremoniell der Teeverkostung fünfmal in der Woche frühmorgens. Im hellen Verkostungsraum steht direkt vor dem Fenster das Arbeitsgerät der Teeverkoster in Reih und Glied: weiße Tongefäße, weiße Kännchen, dahinter jeweils eine Teedose. Jede Sorte wurde genau mit der gleichen Menge und gleich lang aufgebrüht: 2,86 Gramm Tee auf 1/4 Liter, immer 5 Minuten, nie kürzer.

Der tea taster taucht einen kleinen Silberlöffel in den Tee. Geräuschvoll schlürfend – das muß sein – saugt er den Tee ein. Die hochempfindliche Zunge prüft den Teegeschmack. Gaumen und Nase testen das Aroma. Die Flüssigkeit wird wieder ausgespuckt. Noch ein schneller Blick auf die ausgelaugten Blätter, eine Geruchsprüfung – in drei Sekunden ist entschieden, ob dieser Tee für die Produktion verwendet werden kann.

Bis zu dreihundertmal täglich greift ein tea taster zum Testgefäß. Bei jeder Probe weiß er, aus welchem Gebiet der Tee stammt, wann er gepflückt und wie er vor und nach der Ernte behandelt wurde. Sechsmal muß ein Tee diese Prüfung bestehen, bevor er in einer Markentee-Mischung in den Handel kommt: vor dem Kauf im Anbauland, bei der Verschiffung, nach der Ankunft, vor dem Mischen und nach dem Mischen, nach dem Abpacken vor dem Versand. Jeder Teetrinker profitiert von dem „guten Geschmacksempfinden" der Teeverkoster. Sie garantieren, daß ein Markentee immer gleich gut schmeckt. Weil die Ernten in den exotischen Teegärten je nach Wetter und Jahreszeit immer wieder verschieden ausfallen, liegen für jede Mischung andere Voraussetzungen vor. Der Verbraucher aber hat sich daran gewöhnt, jeden Tag „seinen" unverwechselbaren Tee genießen zu können. Deshalb wird ein Markentee manchmal aus über zwanzig verschiedenen Sorten Tee gemischt. Welche es sind, bestimmt der tea taster mit seinen Kollegen.

Die wichtigsten Teeländer der Welt sind rechts berücksichtigt mit den Zahlen für: Ernte oder Produktion, gesondert der Export (oben), und Verbrauch = Produktion – Export + Import. Die Bundesrepublik Deutschland spielt mit knapp 20000 t Import nur eine kleine Rolle, 1988 stammten 31 % des bei uns getrunkenen Tees aus Indien, 16 % aus Sri Lanka, 10 % aus der VR China und aus Taiwan, je 8 % aus Afrika und Indonesien. Der Pro-Kopf-Verbrauch hier liegt bei etwa 250 g, das sind rund 27 Liter Tee im Jahr. Quelle: Das Deutsche Teebüro, Hamburg.

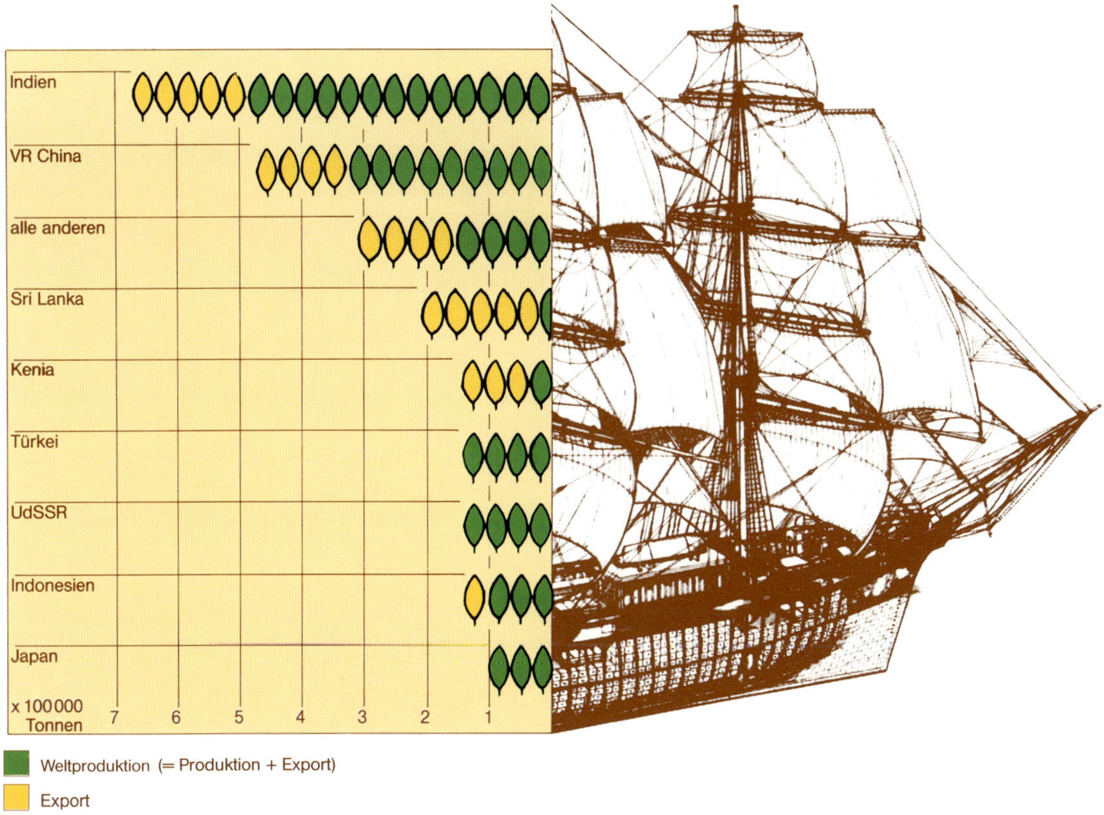
Indien
VR China
alle anderen
Sri Lanka
Kenia
Türkei
UdSSR
Indonesien
Japan
x 100 000 Tonnen
7
6
5
4
3
2
1
Weltproduktion (= Produktion + Export)
Export

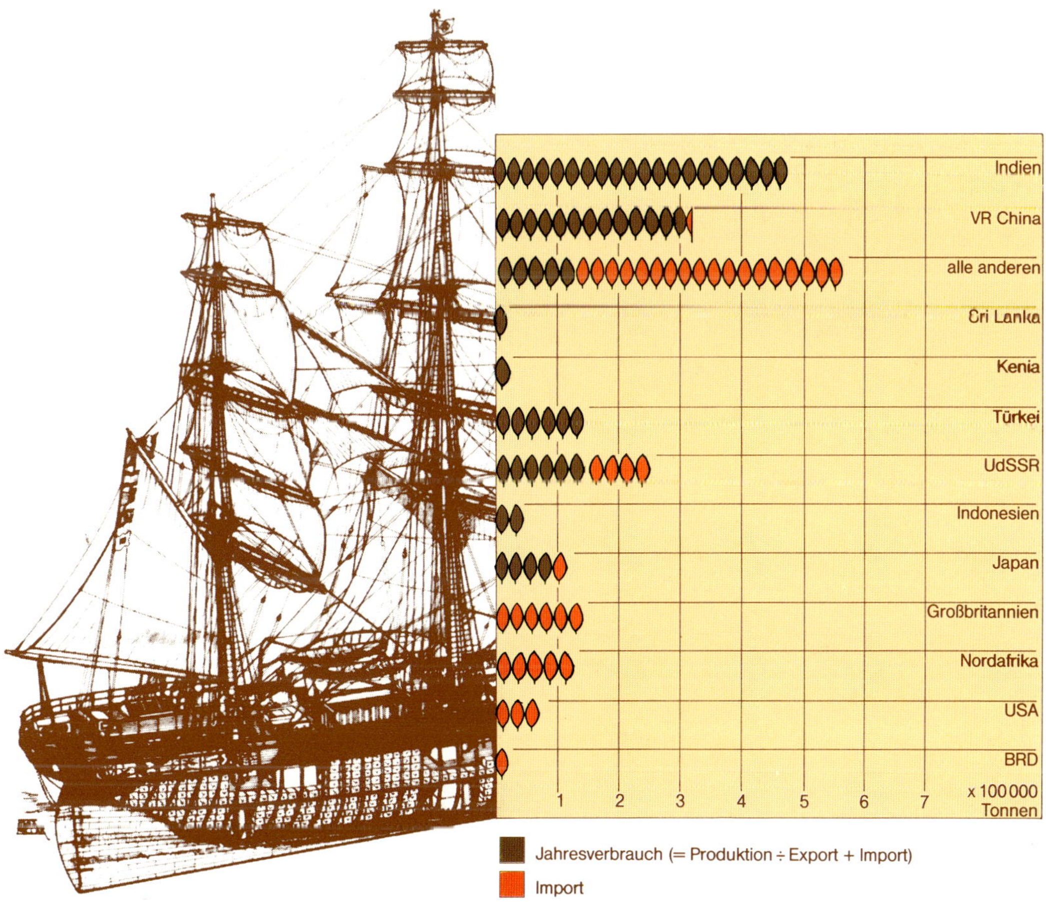
Indien
VR China
alle anderen
Sri Lanka
Kenia
Türkei
UdSSR
Indonesien
Japan
Großbritannien
Nordafrika
USA
BRD
1
2
3
4
5
6
7
x 100 000 Tonnen
Jahresverbrauch (= Produktion ÷ Export + Import)
Import

Die Kunst der Teebereitung – heute

Mit dem Tee richtig umzugehen, scheint schon immer eine Kunst gewesen zu sein. Sonst hätte nicht der chinesische Dichter Li Chih-lai, der zur Zeit der Song-Dynastie (960–1279) lebte, schon in dieser Beziehung sein Herz ausgeschüttet. Es gebe in der Welt drei höchst bedauernswerte Dinge, seufzte Li Chih-lai: „Das Verderben bester Jugend durch falsche Erziehung, die Entwürdigung guter Gemälde durch pöbelhaftes Begaffen und die Vergeudung guten Tees durch unsachgemäße Behandlung."

Der zur Zeit der Song-Dynastie in China übliche Tee würde uns heute sicherlich kaum schmecken. Aber das ändert nichts an dem Problem, wie man es anstellen muß, aus unscheinbaren Teeblättern ein Höchstmaß an Aroma und Geschmack herauszukitzeln.

Fünf goldene Regeln, von den bundesdeutschen Tee-Autoritäten propagiert, sollen das beste Aufgußergebnis garantieren. Zum Teil gelten diese Regeln auch heute noch, zum Teil gibt es neuere, abweichende Erkenntnisse. Gehen wir systematisch vor:

Regel Nr. 1: Die Kanne vorwärmen. Davon sind Teefachleute längst abgekommen. Je mehr man vorwärmt, desto länger dauert es, bis der aufgebrühte Tee genießbar wird, ohne daß man sich den Mund verbrennt. Diese überholte Regel geht wohl auf die Zeit zurück, als es üblich war, die metallene Teekanne vor Gebrauch heiß auszuspülen und damit zu reinigen. Ebenso überholt ist die Meinung, man dürfe die Teekanne nicht zu kräftig reinigen – der sich inwendig absetzende Schleier fördere das Aroma. Dafür gibt es keinen Beweis. Waschen Sie Ihre Teekannen getrost sauber aus, auch mit Spülmitteln (die mancher „Teekenner" verbietet), die allerdings zum Schluß sauber weggespült werden sollten.

Regel Nr. 2: Je Tasse einen Teelöffel Tee oder die gleiche Menge in Tee-Aufgußbeuteln nehmen. Das ist nur dann richtig, wenn Sie genau wissen, wieviel Ihr Teelöffel faßt. Als Richtwerte können 1,5 bis 2 g auf eine Tasse von 150 bis 200 ml oder 10 bis 12 g Blatt-Tee auf 1 Liter gelten (bei Broken-Tee darf es etwas weniger sein). Teewaagen zur genauen Gewichtsbestimmung gibt es in guten Teefachgeschäften. Wenn Sie größere Teemengen aufgießen wollen, können Sie die Teemenge um 15 bis 20 Prozent reduzieren. Der alte Brauch, für jede Tasse Tee einen Teelöffel Teeblätter zu nehmen, außerdem noch einen „für die Kanne", hat keine Berechtigung – er dürfte eine Erfindung von Absatzstrategen unter den Teehändlern sein.

Regel Nr. 3: Frisches Wasser zum Kochen bringen und sofort sprudelnd über den Tee gießen. Das ist für schwarzen Tee richtig, für grünen Tee jedoch lassen Sie das Wasser wieder auf etwa 85 bis 60 °C abkühlen – je nach Sorte. Sie sollten immer mit zwei Kan-

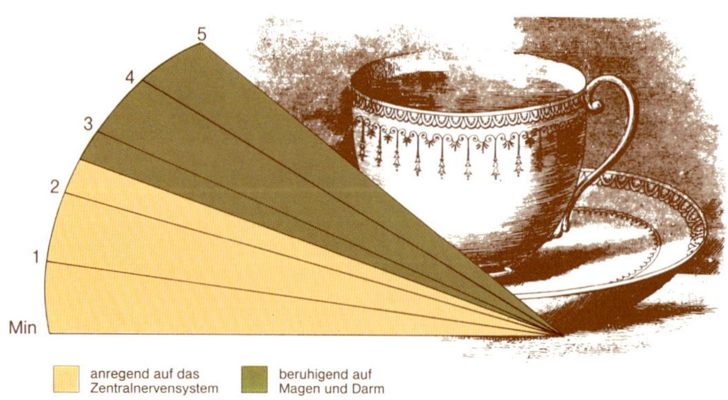

In der ersten Minute nach dem Aufgießen des Wassers breiten sich Farbe, Aroma und Inhaltsstoffe der Teeblätter noch ungleichmäßig aus.

nen arbeiten, eine für den Aufguß und eine, in die der fertige Tee durch ein Sieb abgegossen wird. Kannen aus Glas oder Porzellan sind zu bevorzugen. Verwenden Sie Leitungswasser und lassen Sie morgens bei der ersten Teebereitung 4 bis 5 Liter aus dem Hahn laufen, bevor Sie den Teekessel füllen. Die so „verschwendete“ Wassermenge ist abgestanden und nicht für die Teebereitung, vielleicht zum Blumengießen, verwendbar. Sie können sich nach dem Härtegrad des von Ihrer Wasserversorgung gelieferten Wassers erkundigen und dementsprechend abgestimmten Tee einkaufen. Zu zimperlich brauchen Sie aber auf diesem Gebiet nicht zu sein. Lassen Sie sehr hartes Wasser einfach etwas länger sprudelnd kochen. Ungeeignet ist Teewasser aus dem Boiler oder Kochendwassergerät. Sie müssen nicht so weit gehen wie Königin Elizabeth von Großbritannien, die sich bei Auslandsreisen das erprobte Teewasser per Jet nachschicken läßt, oder wie der einstige Bundeskanzler Konrad Adenauer, der sich auf der Heimfahrt zu seinem Wohnsitz Rhöndorf unterwegs von seinem Fahrer aus einer bestimmten Talsperre angeblich Teewasser schöpfen ließ.

Regel Nr.4: Den Tee fünf Minuten ziehen lassen. Teeliebhaber wissen, daß zwei bis drei Minuten ausreichen, um den größten Teil des Koffeins aus dem Tee herauszuziehen. Eine längere Ziehzeit löst immer mehr Gerbstoffe aus dem Tee. Zieht er länger als fünf Minuten, kann er bitter werden. (Siehe dazu auch das Schema auf Seite 62.) Fünf Minuten nur, wenn der Tee beruhigen soll. Ist die anregende Wirkung gefragt, reichen drei Minuten allemal aus.

Regel Nr. 5: Den Tee umrühren und abgießen. Sahne oder Milch, Zucker oder weißen Kandis je nach Geschmack dazureichen. Für das Abgießen brauchen Sie ein feinmaschiges Teesieb. Der in eine zweite Teekanne abgegossene Tee ist praktisch sofort genießbar. Wenn Sie den Tee in einer Kanne mit Siebeinsatz aus Porzellan aufgebrüht haben, brauchen Sie nur das Sieb herauszunehmen. Lassen Sie sich nicht dazu verleiten, ein Tee-Ei aus Metall oder Porzellan zu verwenden. Die Teeblätter können sich darin oder in einem entsprechenden Aufbrühlöffel nicht ausdehnen. Eingeengt werden die Blätter auch in den meisten Teemaschinen. Sie können ihre Kräfte nur voll entfalten, wenn sie frei im heißen Wasser schwimmen dürfen. Aufbrühgeräte mit Papierfilter schlucken meist einen Teil der Geschmacksstoffe und sind deshalb ebensowenig zu empfehlen wie solche mit Dauerfiltern aus Baumwolle oder Nylon, die schon allein durch ihre Verfärbung wenig appetitlich wirken. Und noch ein Ratschlag: Verzichten Sie darauf, den Tee zu lange über einem Stövchen (Rechaud) warmzuhalten. Er wird dadurch nicht besser, sondern trübe und schal. Brühen Sie lieber nach einiger Zeit eine neue Portion auf, vielleicht von einer anderen Sorte. Abzuraten ist auch von der Aufbewahrung in einer Thermoskanne. In diesen Kannen bekommt der Tee keine Luft und altert schnell.

Geschmackssache ist es, was man zum Tee oder mit dem Tee servieren soll. Zucker, am besten in der Form von weißem Kandis, gehört nach mitteleuropäischem Verständnis in der Regel dazu. Kandis fördert die belebende Teewirkung und hebt den Geschmack. In Ostfriesland legt man ein größeres Stück Kandis (*Kluntje*) in die Tasse und gießt mehrmals Tee nach, weil sich der Kandiszucker nur langsam auflöst. Wer gerne kalte Milch (wie die Engländer) oder Sahne (wie die Friesen) in seinem Tee mag, soll sie hineintun. Zuviel davon ist keine Verfeinerung mehr, sondern macht den Tee kalt und schleimig. Zitronenscheiben (wie in Rußland) sind nicht geeignet, den Geschmack zu heben – im Gegenteil. Ähnlich ist es mit dem Schuß Rum, der nur dann zu vertreten ist, wenn es wirklich ein ganz winziger Schuß ist. Sonst verdirbt er den kostbaren Teegeschmack und das Aroma. Wer auf Abenteuer aus ist, sollte sich von vornherein an aromatisierten Tee halten – davon gibt es mindestens hundert Varianten.

Überflüssig ist die hier und da empfohlene Prise Salz im Tee, die auf uralte chinesische Bräuche zurückgeht. Schließlich würzen Sie Ihren Tee vermutlich selten mit Zwiebeln oder Ingwer oder machen ihn mit Mehl, Reis oder Butter, wie in Tibet, nahrhafter. Manche Leute lehnen alle Beigaben ab und trinken ihren Tee pur, wie die Chinesen ihren Grüntee. Auch das ist Geschmackssache, denn es könnte sein, daß der pure Tee schmeckt wie Heu und Mist, wie es weiland Liselotte von der Pfalz empfand.

Teebeutel – eine Streitfrage?

Ein New Yorker Tee-Importeur, so heißt es, war der Erfinder der Teebeutel mit einer abgewogenen Menge Tee, ausreichend für eine normale Tasse. Er verschickte die Proben der neuen Ernte in kleinen Portions-Seidentüten, die das Probieren erleichterten und damit vermutlich seinen Umsatz erhöhten.

Das war zu Beginn unseres Jahrhunderts. Einige Jahre später verpackte das damals in Dresden ansässige Haus „Teekanne" den Tee portionsweise in kleine Mull-Säckchen als Truppenverpflegung im Ersten Weltkrieg. Die „Teebombe" war bei den Soldaten beliebt, weil sie jederzeit das Aufgießen einer Tasse Tee erlaubte. Aber eine Dauerlösung war sie nicht.

In den USA wurde Ende der zwanziger Jahre der Teebeutel aus zusammengeklebtem Spezial-Pergamentpapier entwickelt. Das war schon ein großer Fortschritt, hatte aber noch einen schweren Nachteil: Der verwendete Klebstoff machte sich im fertigen Tee unangenehm bemerkbar.

Eine Abfüllanlage für Teebeutel in China. Mehr als ein Viertel des Schwarztees in der Bundesrepublik Deutschland wird mit Teebeuteln zubereitet.

1950 brachte „Teekanne", inzwischen an den Rhein umgesiedelt, den Doppelkammerbeutel heraus. Er ist aus feinstem Filterpapier gefaltet und kommt ganz ohne Klebstoff aus. Ungehindert kann das heiße Wasser die Teeblättchen von allen Seiten umspülen, das Aroma kann sich voll entfalten. Der Doppelkammerbeutel setzte sich inzwischen in der ganzen Welt durch.

Vielfach kann man das Vorurteil hören, der Tee im Aufgußbeutel schmecke weniger gut als loser Tee. Das ist falsch, wenn der im Aufgußbeutel enthaltene Tee mit der gleichen Sorgfalt ausgewählt und gemischt wurde wie der in Paketen verpackte lose Tee. Es gibt guten und weniger guten losen Tee wie guten und weniger guten Tee in Aufgußbeuteln. Man tut in beiden Fällen gut daran, sich an bekannte Marken zu halten und mit Teeverstand auszuwählen, was man sich in die Tasse tut. Teebeutel haben noch einen entscheidenden Vorteil: Sie umhüllen sicher die feinsten Teeblättchen, in der Fachsprache *fannings* und *dust* genannt. Das sind die bei der Verarbeitung gebrochenen feinsten Teilchen eines Teeblattes. Sie bestehen hauptsächlich aus Blattspitzen und Blatträndern und enthalten Aroma- und Wirkstoffe des Tees in besonders hoher Konzentration. Nur diese feinsten Teeblatt-Teile kommen in die Aufgußbeutel. Sie machen Teebeutel-Tee besonders aromatisch und ergiebig. Die feine Verteilung des Blattmaterials sorgt außerdem für einen kräftig gefärbten Tee.

Die Story vom Porzellan

Schon bald nach der Gründung der Ostindien-Kompanien in den Niederlanden und in Großbritannien kamen mit den Teelieferungen aus China und Japan auch die ersten Sendungen von Teegeschirr aus Porzellan nach Europa. Es stellte sich bald heraus, daß die Porzellanpakete sich hervorragend als Ballast für die Teesegler eigneten. Fortan wurde das Porzellan ganz unten im Laderaum verstaut. Darauf kamen die Teekisten in mehreren Schichten. Der Porzellanverkauf entwickelte sich schnell zu einem willkommenen Zusatzgeschäft für die Handelskompanien. Schon 1615 brachten holländische Schiffe die ersten 69057 Stücke Porzellan mit. 1614 berichtete Pontanus in seiner Geschichte von Amsterdam, daß der Überfluß an Porzellan täglich wachse und es sogar dem gemeinen Volk zum täglichen Gebrauch diene. Die Preise waren für jedermann erschwinglich, denn es handelte sich um Massenware. Bis 1657, so schätzen Fachleute, brachten holländische Schiffe mindestens 3 Millionen Stück Porzellan, fast ausschließlich blau bemalte Ware, nach Europa. Ein Teil davon dürfte noch für den Kaffee- und Kakaogenuß bestimmt gewesen sein, denn der Tee wurde erst um die Mitte des 17. Jahrhunderts Allgemeingut. Von da an nahm der Anteil an Teegeschirr immer mehr zu, und die Ostindien-Kompanien gingen dazu über, feste Kontingente in Auftrag zu geben.

So liefen die Bestellungen des Jahres 1644 über insgesamt 355 800 Stück Porzellan, darunter 100 kleine Teekannen, 14000 achteckige Koppchen und 60000 Teekoppchen in verschiedenen Formen. 1780 betrugen die Bestellungen 1134200 Stück Porzellan, darunter 450000 Paar Teegeschirr, bestehend aus Tasse und Untertasse, außerdem 650 Teeservice und 2000 Teebüchsen. Bei den riesigen Lieferungen blieb es auch noch, nachdem in Europa die ersten Porzellanmanufakturen entstanden waren, allen voran die von August dem Starken in Meißen geförderte. Vor allem an den Fürstenhöfen brach eine wahre Porzellanleidenschaft aus. Jedes Schloß von Rang brauchte nun ein Porzellankabinett mit einer Ausstellung wertvoller Porzellanarbeiten. Berühmt wurde die Sammlung, die August der Starke im Grünen Gewölbe seines Dresdner Schlosses aufbaute. Sie war „die großartigste, auch vom Museum in Sèvres nicht übertroffene Sammlung ihrer Art mit etwa 19000 Stücken" – so Carl Baedeker in seinem Dresdenführer. Prunkstücke dieser Sammlung waren vor allem die fast mannshohen Dragonervasen, die August der Starke von Friedrich Wilhelm I. von Preußen gegen ein Regiment Dragoner eintauschte. Das Dresdner Schloß wurde 1945 zerstört. Was von der Sammlung blieb, einschließlich der Dragonervasen, ist heute im Baukomplex des Dresdner Zwingers zu sehen.

Auch weniger mächtige Fürsten und manche Bürgerfamilie beteiligten sich an der Jagd nach kostspieligen „Chinoiserien" und dem, was dafür gehalten wurde. Mittlerweile waren die europäischen Abnehmer nicht mehr mit den Modellen zufrieden, die sie aus China geschickt bekamen. Sie entwickelten eigene Vorstellungen und lieferten den Chinesen Zeichnungen sowie aus Holz gedrechselte Modelle für Gebrauchsgeschirr. Mit der Porzellanlieferung mußten die Vorbilder zurückgeschickt werden, damit die Auftraggeber kontrollieren konnten, ob alle Wünsche erfüllt waren. Europäische Erfindungen waren unter anderem die Untertassen und die Tassenhenkel, die es in China nicht gab – dort wurde aus Teeschalen ohne Henkel getrunken, wie auch heute noch. Allmählich bildeten sich für die verschiedenen Getränke auch spezielle Tassenformen heraus. Künftig waren die Kaffeetassen steilwandiger, die Teetassen eher schalenförmig. Auch Teekannen, Spülschalen und Teebüchsen wurden dem europäischen Geschmack angepaßt. Ihre Formen blieben mit geringen Abwandlungen bis auf

Im Dresdner Zwinger stehen die riesigen Vasen, die August der Starke von Sachsen 1717 mit Friedrich Wilhelm I. von Preußen gegen 600 sächsische Dragoner tauschte – daher auch „Dragonervasen".

den heutigen Tag erhalten. Beliebt waren in der Frühzeit aber auch Frühstücksservice für den Teegenuß zu zweit oder allein, im zweiten Fall Solitaires genannt, im ersten Fall Tête-à-Tête oder Déjeuner. Zur kompletten Garnitur gehörte dabei immer auch eine Servier- oder Anbietplatte.

Getrunken wurde der Tee grundsätzlich aus der Tasse. Der Brauch, sehr heißen Tee zum Abkühlen in die Untertasse zu gießen und daraus zu trinken, galt als unfein, ebenso das Verfahren, Gebäckstücke in das Getränk einzutauchen (zu stippen) und dann erst zum Mund zu führen. Aus England stammte die Mode, den Teelöffel quer über die Tasse zu legen oder das Koppchen umgekehrt auf die Untertasse zu stellen, wenn kein Teenachschub mehr gewünscht wurde.

Wer das nicht wußte, konnte leicht in Verlegenheit geraten – so wie der Prinz de Broglie, der bei einer Gesellschaft zwölf Tassen Tee schluckte, bevor ihn ein Bekannter auf die herkömmliche „Teebremse" aufmerksam machte. Ein anderer unerfahrener Ausländer machte dem ständigen Nachschenken ein Ende, indem er die ausgetrunkene Tasse kurzerhand in die Tasche steckte. In Ostfriesland stellt man noch heute seinen Teelöffel in die ausgetrunkene Tasse, wenn man genug hat.

Porzellan wird aus Kaolin, Feldspat und Quarz in richtiger Mischung und bei Temperaturen bis über 1400 °C gebrannt. Die Chinesen beherrschten diese Technik wohl bereits im 13. Jahrhundert. Durch den Chinahandel mit Tee und Porzellan war den Europäern das weiße Gold schon lange bekannt. Dennoch gab es bis zur hiesigen Fertigung manche Fehlschläge und Vorstufen: Johann Friedrich Böttger erfand 1707 das nach ihm benannte rote Steinzeug, das auf Hochglanz poliert wie Porzellan aussehen sollte. Oben eine Teekanne aus diesem Material, um 1715 geschaffen. Doch bereits 1708 war ebenjenem Böttger, einer schillernden Figur mit genialen Fähigkeiten, auch ein weißer Porzellanscherben gelungen. Daraufhin wurde 1710 die Meißner Manufaktur als erste in Europa gegründet, die sehr bald eine Monopolstellung über Jahre hinweg innehatte.
Aufgrund der großen Nachfrage nach der teuren Ware wurden weiter große Aufträge von Europa nach China vergeben. Nach europäischem Geschmack in China gefertigte Teedosen zeigt das Bild rechts.

Der Bezirk Gshelj oder Gzchel ist 50 Kilometer von Moskau entfernt, reich an Töpferton und seit dem 14. Jahrhundert für seine Keramikherstellung bekannt. Die Blütezeit der Gsheljmajolika begann um 1670. Meister aus dem Volk schufen außer mit Skulpturen verzierten Tongefäßen, unter anderem für die gegorene Stutenmilch Kumyss, bald auch Teekannen, Zuckerdosen und Vasen.

Erzeugnisse aus Gshelj sind bis heute sehr beliebt und unverwechselbar durch ihre typische dunkelblaue Handbemalung.

Tee und Gesundheit

Heftige Diskussionen über den gesundheitlichen Wert des Tees hat es vor allem in der Frühzeit des Teeverbrauchs gegeben. Berühmt ist das Experiment, das Schwedenkönig Gustav III. (1746–1792) zur Klärung der Frage veranstaltete, ob Tee oder Kaffee der Gesundheit förderlich seien. Der König ließ zwei zum Tode verurteilte Raubmörder als Versuchskaninchen täglich dreißig Tassen Flüssigkeit trinken – der eine bekam Tee, der andere Kaffee. Zwei prominente Professoren überwachten das Experiment. Aber das Ergebnis fiel mager aus. Zuerst starb der eine Professor, dann der andere. Der König wurde 1792 ermordet. Und die beiden Versuchspersonen wurden uralt.

Wirkung der Inhaltsstoffe

Tee hat eine anregende, stimulierende Wirkung auf die geistigen Fähigkeiten des Menschen. In erster Linie ist das auf den Koffeingehalt des Teegetränks zurückzuführen. Die jungen Teeblätter sind reich an Polyphenolen (Gerbstoffen), die für das Teearoma und die ansprechende Farbe des Teegetränks verantwortlich sind.

Das **Koffein** wurde 1820 erstmals durch Friedlieb Ferdinand Runge aus Kaffeebohnen isoliert. 1827 fand der Franzose Oudry in Teeblättern einen bis dahin unbekannten Stoff, den er Tein nannte. Gerard J. Mulder bewies jedoch 1837, daß Tein mit Koffein identisch ist.

Das Koffein tritt beim Aufbrühen des Tees relativ schnell und fast vollständig aus den Teeblättern aus. Die Aroma- und Gerbstoffe gehen dagegen langsamer in den Aufguß über. Zu beobachten ist das vor allem an der allmählichen Vertiefung der Farbe (siehe auch S. 63), aber auch an dem leicht bitteren Geschmack des Tees aus zu lange gezogenen Teeblättern.

Nach dem Genuß des Teegetränks kommt es zu einer Koffeinkonzentration im Blut, die sich im wesentlichen nicht von der nach dem Genuß von Kaffee unterscheidet. Höchst unterschiedlich setzt jedoch die anregende Wirkung bei der Aufnahme der gleichen Menge an Koffein aus Tee und Kaffee ein. Das ist wahrscheinlich auf die sehr verschiedenen Begleitsubstanzen in beiden Getränken zurückzuführen, beim Tee also auf die Gerbstoffe, beim Kaffee auf Röstprodukte.

Tee ist prozentual koffeinreicher als Kaffee. Aus einem Pfund Tee können aber bedeutend mehr Tassenportionen hergestellt werden als aus der gleichen Menge Kaffee. So kommt es, daß in einer Tasse Tee durchschnittlich nur 0,053 Gramm Koffein enthalten sind, in einer Tasse Kaffee dagegen 0,1 Gramm.

Im Gegensatz zu Kaffee-Koffein wirkt Tee-Koffein langsamer und nachhaltiger. Koffein aus dem Tee beeinflußt das Zentralnervensystem, wogegen Koffein aus Kaffee vor allem auf das Herz einwirkt. Tee regt an, aber nicht auf.

Die leistungserhöhende Wirkung des Tees läßt sich wissenschaftlich bestimmen. Schon ziemlich alt ist das Verfahren, die Probanden fortlaufende Zahlenreihen addieren zu lassen. Nach dem gleichen Prinzip arbeitet der Computerrechentest. Neuerdings wird die Leistungsfähigkeit im Kugeltestgerät gemessen. In einer verstellbar rotierenden Walze zeigen sich für kurze Zeit Öffnungen, in die Kugeln unterschiedlicher Größe einzuwerfen sind.

Nach Ermittlung der persönlichen Bestleistung als Vergleichswert werden die Leistungen nach Teegenuß festgestellt. Die Aufgabe wurde mit Tee mit fünfundzwanzig Prozent weniger Fehlern und in einer um fünfundzwanzig Prozent kürzeren Zeit gelöst. Neben dem Alkaloid Koffein, das zu den Xanthinen gehört, enthält der Tee auch geringere Mengen koffeinverwandter Stoffe, nämlich Theobromin und Theophyllin.

Die wichtigsten Inhaltsstoffe des Tees.

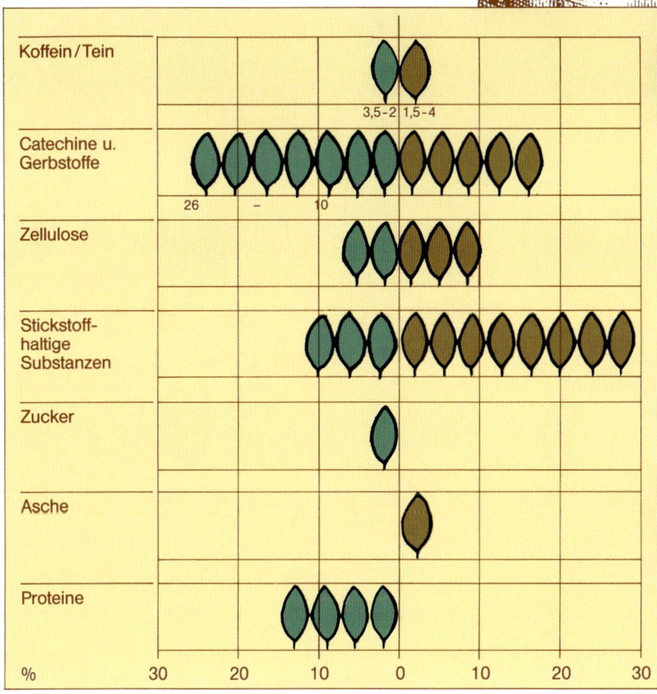

Die Prozentangaben beziehen sich auf die Trockensubstanz

Die im Tee enthaltenen **Gerbstoffe** (Catechine) beruhigen Magen und Darm. Wer sie voll ausnutzen will, läßt seinen Tee fünf Minuten ziehen oder hält sich an den gerbstoffreicheren grünen Tee. Die Gerbsäure bremst zugleich die Wirkung des Koffeins. Chemiker sprechen nicht gerne von Gerbsäure und Tannin, sondern fassen die Stoffe dieser Art unter der Bezeichnung „Polyphenole" zusammen – zum Unterschied etwa von den Gerbstoffen in der Eichenrinde, die zum Gerben von Leder verwendet werden.

Hauptbestandteil der Gerbstoffe ist das Epigallocatechingallat, abgekürzt EGCG. Japanische Forscher fanden nach einem in „Geo" erschienenen Bericht (Heft 11/87) bei Tierversuchen heraus, daß EGCG krebshemmend wirken kann, insbesondere bei Speiseröhren-, Magen- und Darmkrebs. EGCG ist vor allem in grünem Tee enthalten, der schwarze Tee ist wegen der Fermentation eher EGCG-arm. Bei Untersuchungen der Gerbstoffe im Tee wurden vor einigen Jahren am Institut für Humanernährung und Lebensmittelkunde der Universität Kiel zwei neue Catechine entdeckt. Auch über die Funktion der an der Fermentation beteiligten Enzyme gibt es neue Erkenntnisse aus Kiel, die sich auf die Technik des Fermentierens auswirken. Die Enzyme wirken an der Aromastoffbildung des Tees mit.

Unter den im Tee enthaltenen **Mineralstoffen** sind vor allem Kalium und Fluor zu nennen, außerdem Kupfer, Eisen, Mangan und Nickel. Davon ist Fluor am interessantesten, es trägt – neben gründlicher Zahnhygiene – dazu bei, die Zähne vor Karies zu schützen. Untersucht wird derzeit noch die Bedeutung der im Tee enthaltenen Aminosäure Theanin. Vermutlich spielt sie beim Stickstoffhaushalt der Teepflanze eine Rolle. In Japan wurde festgestellt, daß Theanin die Wirkung des Koffeins im Körper verzögert.

Diese kleine Auswahl soll nur als Anregung dienen. Wir haben uns auf wenige Fragen beschränkt: Was kann wann gesammelt werden? Wie lange müssen die Blätter oder anderen Pflanzenteile im meist kochend heißen Wasser ziehen? Gegen welche Beschwerden wirkt der Kräutertee? Welche weitere, meist äußere Anwendung ist mit Teilen dieser Pflanze üblich? Ist ein Anbau zu Hause möglich?

Große Brennessel: Blätter werden vor dem Aussamen von April bis Mai gesammelt, Wurzeln von Mai bis Juli. Lassen Sie den Tee 8 bis 10 Minuten ziehen, er wirkt gegen Rheuma, Gicht, Trägheit von Magen, Bauchspeicheldrüse und Harnorganen. Brennesselblätter können auch für Tinkturen bei Verbrennungen, Sonnenbrand und Insektenstichen verwendet werden, und – ganz jung – als Gemüse. Anbau zu Hause ist nicht möglich und nicht nötig.

Huflattich: Wahlweise können Blüten ohne Stiele im frühen Frühjahr oder Blätter im Frühsommer gesammelt werden. 10 Minuten beträgt die Ziehzeit dieses Tees. Anwendung bei Halskatarrh, Heiserkeit, Bronchitis. Anbau zu Hause nicht möglich.

Spitzwegerich: Im Frühling werden die Blätter gesammelt und getrocknet, die reifen Samen von August bis Oktober. Den Tee 10 Minuten ziehen lassen, er ist gut gegen Bronchialkatarrh und Husten mit starkem Schleim, Fieber und Magenschwäche. Ebenfalls bekannt sind ein Auszug aus den Samen zur Stabilisierung des Darms und Saft aus frischen Blättern zur Wundheilung. Spitzwegerich kommt auf vielen Wiesen in großer Zahl vor, braucht deshalb nicht angebaut zu werden. (Breitwegerich wirkt ähnlich.)

Echte Kamille: Sammeln Sie die Blüten vom 3. bis 5. Tag nach dem Erblühen, von Mai bis September, und lassen Sie den Tee 10 Minuten ziehen. Gute Wirkungen sind bekannt bei Magenschleimhautentzündung, Darm-, Blasen-, Mund- und Rachenentzündungen. Umschläge und Bäder lindern Entzündungen der Haut und Schleimhaut. Anbau gelingt auch im Blumenkasten, Topf und Garten.

Holunderblüten: Gepflückt werden die Blüten nach dem vollen Erblühen von Juni bis Juli. Der Tee zieht 10 Minuten und dient dem Schweißtreiben bei Fieber, zur Blutreinigung, zur Belebung durch einen hohen Gehalt an Vitamin C. Holunderwasser eignet sich zur Pflege der Gesichtshaut, ein Blättersud wirkt gegen Gartenschädlinge. Holunder kann im Garten angebaut werden.

Lindenblüten (Winter- und Sommerlinde): Von Juni bis Juli blühen die Linden. Ein Tee aus ihren Blüten, 10 Minuten gezogen, kann zu einer Schwitzkur bei Infekten und Erkältungen verhelfen, zur Beruhigung der Nerven, zur Blutreinigung. Lindenholzkohle wird gegen Durchfall verabreicht. Anbau zu Hause erfordert viel Geduld, bis der Baum gewachsen ist. Holunder- und Lindenblüten werden häufig in Mischung angewandt.

Weißdorn: Seine Blüten im April, Beeren im Herbst, Blätter ganzjährig ergeben einen Tee, der 10 bis 20 Minuten ziehen soll. Er hilft bei müdem und nervösem Herz, hohem und niederem Blutdruck. Weißdorn wird auch konzentriert als Bestandteil einer Arznei verwendet und läßt sich gut im Garten anpflanzen.

Hopfen: Aus den Blütenzapfen kurz vor der Reife von Mai bis Juli wird nach 10 Minuten Ziehen ein Tee gegen Appetitmangel und Schlafstörungen. Daß Hopfen zum

Bierbrauen verwendet wird, ist bekannt; weniger vielleicht, daß ein Anbau im Topf und Garten gelingt.

Fenchel: Seine Samen werden von August bis September gesammelt und getrocknet. Der Tee zieht 10 Minuten, er unterstützt die Verdauung – vor allem wenn Säuglinge damit Probleme haben –, wirkt gegen Appetitmangel und zur Schleimlösung. Die Blätter dienen als Würze, eine andere Fenchelart ist schmackhaftes Gemüse. Anbau im Garten gelingt.

(Zitronen-)Melisse: Ihre Blätter sollen kurz vor der Blüte von Juni bis August gesammelt werden. Der Tee wirkt nach 10 bis 15 Minuten Ziehen gegen Schwäche, Herz-, Darm und Magenleiden und zur Krampflösung. Die Blätter sind auch eine gute Würze für Salate, Saucen, Suppen. Der Anbau der Melisse im Garten ist verbreitet. Wird oft in Mischung mit Pfefferminze verwendet.

Salbei: Die Blätter, zu Beginn der Blüte von Juni bis Juli gesammelt, 5–10 Minuten gezogen, ergeben einen Tee. Er mildert starken Schweiß sowie Zahnfleisch- und Rachenentzündung. Salbeitinktur wird auf Insektenstiche getupft und heißen Fußbädern beigegeben. Der Anbau kann im Blumenkasten, Topf und Garten gelingen.

Pfefferminze: Verwendet werden die Blätter kurz vor der Blüte von Juni bis August. Der Tee zieht 5–10 Minuten, er wirkt gut gegen Krämpfe und Reizungen von Magenschleimhaut, Galle und Darm. Anbau im Blumenkasten, Topf und Garten ist problemlos möglich.

Gemeine Schafgarbe: Das Kraut wird gesammelt beim Erblühen von Juni bis September. Der Tee, 20 Minuten gezogen, enthält Bitterstoffe, die Magen, Galle, Darm, Nieren und den Kreislauf anregen. Das Stillen von Nasenblutungen geht auf die gleichen Wirkstoffe zurück. Ein Anbau zu Hause ist nicht nötig, weil die Pflanze auf vielen Wiesen zu finden ist.

(Wilde) Malve: Die Blätter müssen vor dem Erblühen, die Blüten gleich nach dem Öffnen von Juli bis September gesammelt werden. Die Ziehzeit schwankt zwischen 15 Minuten bei Verwendung nur der Malvenpflanzen und 10 Minuten bei Mischungen mit Anissamen und Fenchel. Gute Wirkungen sind bekannt auf Magen- und Darmkatarrh, Magengeschwüre, Katarrh der oberen Luftwege und äußerlich bei kleinen Wunden und Schürfungen. Anbau zu Hause ist nicht möglich.

Wermut (Absinth): Man sammele Blätter und Zweigspitzen kurz nach dem Erblühen von Juli bis September. Der Tee darf nur stark verdünnt zubereitet werden, 1 TL auf 1/4 Liter 10 Minuten ziehen lassen. Bitterstoffe regen über die Mundschleimhaut Magen, Galle und Leber an; zerriebene Blätter dienen zur Blutstillung, bei Blutergüssen und Quetschungen. Anbau des auch bei uns winterfesten Wermuts ist im Garten gut möglich. – Wird oft mit Tausendgüldenkraut gemischt.

Hagebutte (Wilde Rose): Verwendet werden gehackte Schalen der Früchte, die im Herbst reif sind und ohne Stiele, Kelchreste und Kerne 10 Minuten gekocht werden. Die Kerne können gesondert 20 Minuten in heißem Wasser ziehen. Hagebuttentee wirkt durch hohen Vitamin-C-Gehalt zur Steigerung der Abwehrkraft, bei Gallen-, Nieren- und Blasenleiden und zur Blutreinigung. Anbau gelingt auch im Topf und Garten.

Ohne Abbildung: Mate: Der Tee wird aus getrockneten Blättern einer Stechpalmenart Südamerikas hergestellt und ist dort ein beliebtes Getränk zur Appetitzügelung, Nervenberuhigung und Schlafförderung.

Im Teegetränk sind aber auch **Vitamine** enthalten, und zwar einige Vitamine der B-Gruppe, die nervenstärkend und streßausgleichend wirken, überdies als Wachstumsvitamine gelten. Der Gehalt an Vitamin C ist nur im frischen Teeblatt hoch (viermal so hoch wie in Zitronensaft), wird aber durch die Fermentation beim Schwarztee zurückgedrängt und durch das Aufbrühen fast völlig zerstört. Die Vitamine E2, P und K stärken die Wände der Kapillaren und machen die Haut elastisch. Kenner und Freunde des **grünen Tees** betonen stets seine guten gesundheitlichen Wirkungen. Untermauert durch zahlreiche Untersuchungen vor allem chinesischer, japanischer und russischer Wissenschaftler, läßt sich folgendes feststellen:

Die schonendere Behandlung des frischen Teeblatts ohne Fermentation erhält dem Grüntee höhere Anteile an Gerbstoffen und Vitamin C, als davon im aufwendiger bearbeiteten Schwarztee verbleiben. Auf diese und weitere Inhaltsstoffe lassen sich gute und zum Teil schnellere Erfolge zurückführen zum Beispiel gegen schwere Blutungen in Magen, Darm und Gehirn. Auch schwere Infektionen wie die Ruhr und sogar Bluthochdruck, Arterienverkalkung, Rheuma und chronische Leberentzündung konnten mit starkem grünem Tee bereits erfolgreich bekämpft werden.

Abgesehen von diesen erfreulichen medizinischen Wirkungen schmeckt Grüntee gut, sofern man sich einmal an den anfangs herberen Geschmack gewöhnt hat. Ganz ohne Zucker oder sonstige Zutaten entfaltet sich bei bestimmten Sorten ein angenehm süßlicher Nachgeschmack, denn der Speichelfluß wird angeregt durch den höheren Anteil an Gerbstoffen. Insgesamt ein Getränk, das vielleicht feineren Geschmackssinn verlangt, als ihn an starken Schwarztee oder Kaffee Gewöhnte üblicherweise haben.

Wie das im Tee enthaltene Chlorophyll auf den Körper einwirkt, ist noch ungeklärt. Zu erwähnen sind schließlich noch die teespezifischen ätherischen Öle, vor allem Träger des Teearomas und vermutlich von anregender Wirkung gleich dem Koffein. Tee hat faktisch keine Kalorien, eignet sich deshalb für Entfettungskuren, wenn er ohne Milch und Zucker getrunken wird – Süßstoffbeigabe ist dagegen unschädlich.

Kräutertee

Kräutertees haben in Europa als Heilmittel eine uralte Tradition. Als Genußmittel gewannen sie erst im Laufe des 19. Jahrhunderts Bedeutung bei der breiten Bevölkerung, die sich den importierten schwarzen und grünen Tee meistens nicht leisten konnte. Besonders auf dem Lande erinnerte man sich der Salbei, Ehrenpreis, Weiden- und Birkenblätter und vieler anderer Pflanzen, weil diese dort auch ohne Umstände gesammelt werden konnten. Erst die Reformbewegung Anfang des 20. Jahrhunderts verhalf den Aufgüssen aus heimischen Kräutern, sich auch in der Stadt durchzusetzen. Und in den letzten Jahren erst recht erfreuen sich die unterschiedlichsten Arten Kräutertee wieder steigender Beliebtheit. Entweder wird ihre gesundheitliche Wirkung geschätzt, oder entsprechend dem Brauch bei „richtigem“ Tee dient der Kräutertee als Mittelpunkt für gemütliche Stunden. Die Zubereitung fast aller Kräutertees und auch der gängigen Mischungen ist einfach und ähnelt einander stark. Beachten Sie dazu auch die Anweisungen der Hersteller. Die Kräuter selbst zu sammeln, erfordert jedoch großes Wissen über die Pflanzen, über von Schadstoffen wenig belastete Standorte, den richtigen Zeitraum der Ernte, Bestimmungen der Naturschutzgesetze und anderes mehr. Sind Sie damit aber vertraut, dann bietet sich der Anbau zu Hause für viele Arten an; ein wenig in der Tradition der „Arzneigärten“.

Die Auswahl von Seite 74/75 soll Ihnen Appetit machen und die anschließenden Rezepte ergänzen. Für die angekündigten Wirkungen können wir natürlich keine Gewähr übernehmen, und bei ernsthaften Erkrankungen wird der Gang zum Arzt oder Heilpraktiker unumgänglich sein.

Grundrezept für schwarzen Tee in verschiedenen Stärken:
Normale Stärke: 1 1/4 – 1 1/2 TL auf 1/4 Liter = 2,5–3 g loser Tee = höchstens 2 Beutel à 1,5 g.
Starker Tee: 2 1/2 TL auf 1/4 Liter = 4–5 g = 3 Beutel à 1,5–1,75 g.
Besonders stark oder Tee-Extrakt: 3–3 1/2 TL auf 1/4 Liter = 6–7 g = 4 Beutel à 1,5–1,75 g.
Zur Umrechnung auf beispielsweise 1 Liter sind die Mengen zu vervierfachen.

Nach soviel Tee-Theorie wollen wir Ihnen nun Vorschläge machen, was mit Tee – ganz gleich ob grün oder schwarz – anzufangen ist und was man zur Teestunde zum Tee reichen kann.

Verständlicherweise liegt der Schwerpunkt der folgenden Seiten auf Getränkerezepten. In vielen Rezepten taucht als Grundzutat der Begriff **normaler Tee**, **starker Tee** oder auch **Tee-Extrakt** auf. Die nötigen Mengen dazu werden oben erläutert.

Lassen Sie uns zuvor zu den Mischgetränken und zu den Desserts und Gebäckrezepten noch eine Anmerkung zum Süßen machen: Die angegebenen Mengen Zucker können Sie je nach Ihrer eigenen Gewohnheit und je nach Charakter des verwendeten Weines, Sektes oder anderen Getränkes um 20 bis 40 Prozent verringern. Bei den Gebäckrezepten sollten Sie jedoch sorgfältig testen, ob der Teig auch mit weniger Zucker die richtige Beschaffenheit bekommt. Verwenden Sie Honig, dann nehmen Sie etwa die halbe Menge, die für Zucker angegeben ist.

Und nun eine glückliche Hand bei Ihrer Wahl der Teesorten und der Zutaten! Für ein gutes Gelingen stehen unsere Rezepte; die nötige Ruhe, das feine Aroma der Tees, Cocktails, Punsche, Desserts und „Leckereien“ zu genießen, müssen Sie sich selbst nehmen.

Madrider Ananastee

Ananas, die Hauptzutat unseres Rezepts, ist eine der wichtigsten Tropenfrüchte in unseren Küchen. Alljährlich werden 8 Millionen Tonnen geerntet. Christoph Columbus sah die Ananas als erster, Spanier und Portugiesen brachten sie nach Europa. Portugiesen gaben ihr den Namen nach der Bezeichnung der westindischen Insel-Indianer Tupi-Guarani. Bei ihnen wurde die Ananas *Nana meant,* köstliche Frucht genannt – oder auch *Abacaxi,* was Stachelfrucht bedeutet. Für den deutschen Markt sind die Ananaslieferungen von der Elfenbeinküste am wichtigsten. Dem relativ kurzen Schiffstransport ist es zu verdanken, daß die Früchte fast vollreif verschifft werden können – sie brauchen nicht erst nachzureifen. Die Ananasfrüchte wachsen nicht auf einem Baum, sondern sind das Erzeugnis einer Staudenpflanze.

1 Dose Ananasstücke, 8 EL Rum, 1/2 Liter Wasser, 8 TL schwarzer Tee, 4 EL Zucker, Eiswürfel

Ananasstücke abtropfen lassen, mit dem Rum begossen 3–4 Stunden ziehen lassen. Wasser zum Kochen bringen und den Tee damit aufbrühen, nach 3–4 Minuten abgießen und zukkern. In 4 Gläser je einige Eiswürfel geben, die Ananasstücke mit dem Rum darauf verteilen, mit heißem Tee auffüllen.

Georgischer Bienenzüchter-Tee

Georgien ist ein fruchtbares Land. Gemüse und Obst gibt es hier in reicher Fülle – und das bedeutendste sowjetische Tee-Anbaugebiet. Honig ist als Süßungsmittel weit verbreitet und bildet auch die Basis der Süßigkeiten der Landesküche – so etwa der Honig-Nuß-Bonbons *Gosinaki* aus gerösteten Nüssen und Honig, der mit Puderzucker gekocht wird. Im Konzert der sowjetischen Regionalküchen ist die georgische mit am wenigsten bekannt, aber deshalb nicht weniger reizvoll. Die Georgier essen gerne und nicht zu kleine Portionen – dafür spricht ein Rezept wie das für Ochse am Spieß. Dafür wird ein Ochse geschlachtet, in den ein frisch geschlachtetes Kalb gelegt wird. In das Kalb kommt ein Hammel, in den Hammel eine Pute, in die Pute eine Gans, in die Gans eine Ente und in die Ente ein Hähnchen. Alle Schichten werden mit Kräutern gewürzt – guten Appetit!

60 cl starker Tee-Extrakt, 100 g flüssiger Honig, 20 cl Wodka, 1 TL Vanillezucker

Den Tee-Extrakt – 6 bis 7 TL gleich etwa 15 g loser Tee auf 0,6 Liter Wasser – zubereiten, in einem Topf mit Honig und Wodka mischen, unter Rühren aufkochen. Den Topf von der Brennstelle nehmen und den Tee mit Vanillezucker abschmecken. In kleinen hitzebeständigen Gläsern sofort servieren.

Früchte-Teebowle

Es muß nicht immer Erdbeerbowle sein – hier schlagen wir Ihnen zur Abwechslung ein recht exotisches Teegetränk vor. Alle Früchte gibt es in Dosen, der dazugehörige Saft sorgt mit dem Kandiszucker für die nötige Süße der Bowle. Lychees oder Litschis wurden schon im alten China kultiviert und galten dort als die feinsten aller Früchte. Die etwa taubeneigroßen Früchte aus der Familie der Seifenbaumgewächse kommen frisch aus Madagaskar und Mauritius, im Februar auch aus Südafrika. Der Geschmack ist schwer zu definieren, er ist am ehesten mit einer Mischung aus Weinbeeren und Sauerkirschen mit leichtem Muskatton zu vergleichen.

1 Dose Lychees, 1 Dose Feigen, 1 Dose Loquats oder Mangos, 250 g Sultaninen, 20 g weißer Kandis, 1 Flasche Weinbrand (0,7 Liter), 3 Liter Wasser, je 4 EL schwarzer Tee, Mangotee und Orangentee, 10 Tropfen Angostura Bitter

Früchte aus den Dosen mit dem Saft, Kandis und Weinbrand in einem Bowlengefäß vermengen und etwa 6 Stunden ziehen lassen. Wasser zum Kochen bringen, über die Tees gießen, 4–5 Minuten ziehen lassen. Den Tee abgießen und erkalten lassen, im Kühlschrank vollends abkühlen, über die Früchte gießen und mit Angostura abschmecken.

Teebowle mit Sommerfrüchten

Dieses sommerliche Bowlenrezept läßt sich beliebig abwandeln. Verwenden Sie beispielsweise andere als die angegebenen Früchte, verstärken Sie den Alkoholgehalt mit Gin, Calvados oder Obstler. Rotwein und Sekt dürfen in diesem Fall nicht zu trocken sein, damit das Getränk nicht zu herb schmeckt. Notfalls können Sie mit etwas Zucker regulieren.

Wie kaum ein anderes Getränk kann eine gelungene Bowle zugleich erfrischen und anregen, geselligkeitsfördernd wirken und beschwingen, ohne einen schweren Kopf im Gefolge zu haben. Letzteres allerdings nur dann, wenn die Bowle nicht nur mit Liebe, sondern auch mit Sachverstand und Erfahrung zusammengestellt wurde. Als Bowlenwein verwendet man eine gute Mittelqualität – keinen Spitzenwein, aber auch keinen sogenannten „Bowlenwein“ in der Literflasche.

1 Liter gekühlter starker Schwarztee, 125 g frische Erdbeeren, 125 g Pfirsiche, 2–3 EL Zucker, 1 Flasche Rotwein, 1 Flasche Sekt

Tee stark zubereiten und kaltstellen. Erdbeeren von Stielen und Blättern befreien und halbieren, Pfirsiche überbrühen, schälen, entsteinen und in dünne Scheiben schneiden. Früchte in ein Bowlengefäß geben und mit dem Zucker bestreuen. Mit eiskaltem Tee, Rotwein und Sekt aufgießen.

Friesischer Butterkuchen

An Hefeteig trauen sich manche erst gar nicht heran. Doch es ist überhaupt kein Kunststück, den Teig für dieses lockere Gebäck anzusetzen. Allerdings ist etwas Geduld nötig. Wer sie aufbringt, wird schon während des Backens mit einem unwiderstehlichen Duft belohnt. Gerade recht, um den Appetit auf den Kuchen zum ebenso leckeren Ostfriesischen Tee zu steigern.

Für den Teig:

500 g Mehl, 30 g Hefe, 1/4 Liter Milch, 75 g Zucker, 100 g Butter, 1 TL Salz, abgeriebene Schale einer halben ungespritzten Zitrone, 1 Prise Muskatblüte, etwas Fett für das Blech.

Für den Belag:

75 g Butter, 125 g Zucker, 1 Päckchen Vanillezucker, 1/2 TL gemahlener Zimt, 100 g geriebene Mandeln, 1/8 Liter saure Sahne

Mehl in eine Backschüssel geben, in der Mitte eine Vertiefung eindrücken, die zerbröckelte Hefe mit 1 TL Zucker hineingeben, mit etwas lauwarmer Milch begießen und mit etwas Mehl zu einem flüssigen Vorteig verrühren, der zugedeckt etwa 30 Minuten gehen muß. Mit den übrigen Teigzutaten zu einem glatten Hefeteig verarbeiten. Den Teig kräftig mit dem Rührlöffel schlagen oder mit den Knethaken bearbeiten, bis er sich von der Schüsselwand löst. Zugedeckt 30 Minuten gehen lassen. Den Teig ausrollen, ein gefettetes Backblech damit belegen, nochmals gehen lassen, mehrmals mit einer Gabel einstechen. Butter zerlassen und die Teigplatte damit bestreichen, mit Zucker, Vanillezucker, Zimt und Mandeln bestreuen und die Sahne darauf verteilen. Den Kuchen 25–30 Minuten bei 200–220° C backen. Frisch aus dem Ofen, gut warm, schmeckt er ausgezeichnet.

Teecocktail mit Bananen

Die Banane ist eine der ältesten Kulturpflanzen – indische und buddhistische Texte erwähnen sie schon im 6. Jahrhundert vor Christus. Bei uns gibt es nur die transportgeeigneten gelben Obstbananen, die unreif grün angeliefert werden und vor dem Verkauf in Reifekammern nachreifen müssen. Bananen können aber auch grüngelb, orange oder violett sein. Sie sind reich an Vitaminen (A, E, U) und Mineralstoffen (Phosphor, Kupfer, Eisen, Mangan, Zink, Jod). 100 g Banane haben 90 kcal/376 kJ. Bananen sind leicht verdaulich, ihre Verweildauer im Magen beträgt nur 110 Minuten. Deshalb werden Bananen für Babys, in der Diät- und Alterskost empfohlen. Von allen Früchten enthalten Bananen am wenigsten Kochsalz.

2 Bananen, 6 cl Bananenlikör, 4 cl Weinbrand, 1/2 Liter Wasser, 5 TL schwarzer Tee, 50 g weißer Kandis, 6 Tropfen Angostura Bitter

Bananen schälen und in Scheiben schneiden, mit Bananenlikör und Weinbrand begossen 2–3 Stunden ziehen lassen. Wasser zum Kochen bringen und über den Tee und den Kandis gießen, 4–5 Minuten ziehen lassen, abgießen und kaltstellen. Eiskalten Tee zu den Bananen geben und mit Angostura abschmekken. Den Cocktail auf 4 Gläser verteilen.

LIQUEUR

Teecocktail mit Feigen

Feigen gibt es frisch aus Italien oder Brasilien, getrocknet aus mehreren Mittelmeerländern, in Dosen als Feigenkompott. „Die Feige ist die wahre Poesie des Obstes", schrieb der Feinschmecker Baron Eugen von Vaerst im Jahre 1851. „Wer einmal die kleine griechische Feige genossen hat, kann den Enthusiasmus begreifen, welchen die feinzüngigen Athener für die Feigen hatten." Im ägäischen Raum wird die Feige schon im 2. Jahrtausend vor Christus erwähnt. Das Feigentrocknen erfand nach griechischer Meinung die kleinasiatische Göttin Kybele. Zum Teegeschmack passen die süßen und aromatischen Feigen ausgezeichnet. Feigen enthalten Vitamin A, Calcium und Eisen.

1 Dose Feigen, 1/8 Liter Wodka, 4 cl Weinbrand, 1/2 Liter Wasser, 5 TL schwarzer Tee, 50 g weißer Kandis, 6 Tropfen Angostura Bitter

Die Feigen zum Abtropfen auf ein Sieb geben, den Saft auffangen. Die Feigen mit Wodka und Weinbrand begossen 5–6 Stunden ziehen lassen. Wasser zum Kochen bringen, den Tee damit aufbrühen, 4 Minuten ziehen lassen und den Kandis darin auflösen. Den Tee kaltstellen. Eiskalten Tee mit dem Feigensaft zu den Früchten geben und mit Angostura abschmecken. Den Cocktail auf 4 Gläser verteilen.

Teecocktail „Trópicos furiosos“

Tropisch sind in diesem Cocktail die verwendeten Früchte, wobei Sie die Wahl haben zwischen frischen Feigen, Kiwis, Papayas, Mangos oder auch Ananas. Verwenden Sie einen halbtrockenen Sekt, dann ersparen Sie sich die zusätzliche Zuckerzugabe.

Ein paar Grundregeln noch, die auf alle kalten Getränke anzuwenden sind: Probieren Sie getrost eigene Mischungen aus, aber hüten Sie sich dabei vor allzu buntem Durcheinander. Wenn Ihr Teegetränk wie Resteverwertung schmeckt, werden Ihre Gäste die Flucht ergreifen. Zuviel Zucker ist ebenfalls gefährlich, weil die Getränke dadurch ihre durstlöschenden Eigenschaften einbüßen. Und schließlich sei noch daran erinnert, daß alle Getränke dieser Art stark gekühlt serviert werden sollten – aber bitte ohne Eiswürfel im Glas, die nur bei wenigen Rezepten vorgeschrieben sind, etwa beim originalen Eistee. Sonst wird immer von außen oder im Kühlschrank gekühlt.

1/2 Liter starker eiskalter Tee, 2 cl Rum, 2 cl Gin, 250 g in dünne Scheiben geschnittene Früchte (frische Feigen, Kiwis, Papayas oder Mangos), 1 Flasche Sekt

Einen starken Tee zubereiten und kaltstellen, dann mit Rum und Gin mischen. Früchtescheiben auf 4 Stielschalen verteilen, die Mischung aufgießen und mit kaltem Sekt auffüllen.

Teecocktail mit Vermouth

Der Teegeschmack paßt besonders gut mit exotischen Früchten zusammen. In diesem Fall handelt es sich um Lychees oder Loquats. Lychees sind chinesischer Herkunft, die weniger bekannten Loquats wohl auch, sie werden aber vor allem in Japan angebaut, außerdem in Spanien und Brasilien, woher die bei uns frisch verkauften und die in Dosen konservierten im allgemeinen stammen. Die Loquatfrüchte, auch japanische Mispel genannt, sind pflaumengroß und aprikosenfarben, sie schmecken aromatisch süß mit erfrischendem Säureanteil. Loquats, botanisch *Eriobotrya japonica,* sind mit der Rose verwandt.

1 kleine Dose Lychees oder Loquats, 1/8 Liter ganz trockener weißer Vermouth, 1/2 Liter Wasser, 5 Teelöffel schwarzer Tee, 50 g Kandis, 1/4 Liter Orangensaft

Lychees oder Loquats auf einem Sieb abtropfen lassen und den Saft dabei auffangen. Früchte mit Vermouth begießen und 5–6 Stunden ziehen lassen. Wasser zum Kochen bringen, über Tee und Kandis gießen und 4–5 Minuten ziehen lassen. Den Tee abgießen und abkühlen lassen. Tee mit Orangen- und Lychee- oder Loquatsaft zu den Früchten geben, umrühren und auf Gläser verteilen, kalt servieren.

Curaçao-Teegrog

Das Rezept für einen echten Seemannsgrog kennen Sie natürlich: Rum muß, Zucker kann, Wasser darf nicht. Unser winterliches Teerezept weicht kräftig vom Grundrezept ab, ist aber nicht weniger delikat. Dazu die Grog-Story: Der britische Admiral Vernon machte sich um 1745 Gedanken darüber, wie man den gewaltigen Rumverbrauch auf Seiner Majestät Segelschiffen eindämmen und zugleich die Mannschaften vom allzu kräftigen Genuß puren Branntweins abbringen könne. Das Ergebnis war der Grog, ein verdünnter Rum mit Zucker. Der Trank hatte zunächst keinen besonderen Namen. Aber da der Herr Admiral in einem Rock aus starker Seide und Kamelhaargarn, *grogram* genannt, einherwandelte, nannten ihn seine Fahrensleute schon seit jeher „Old Grog". Und weil sie sich über den verdünnten Rum ärgerten, nannten sie ihn bald ebenfalls – Grog.

1/2 Liter Wasser, 4 TL schwarzer Tee, 1–2 TL Zucker, 1/8 Liter Curaçao, 8 cl Rum, 4 Zitronenscheiben, 4 Gewürznelken

Wasser zum Kochen bringen, den Tee damit aufbrühen, 3–4 Minuten ziehen lassen und abgießen, mit den übrigen Zutaten vermengen und in Groggläser füllen (bei Bedarf nochmals auf kleiner Flamme erhitzen). Je eine Zitronenscheibe und Gewürznelke dazugeben.

Eistee

Das ist nicht einfach kalter Tee, sondern eine traditionelle Zubereitung mit eigener Story. 1904 fand in St. Louis, USA, eine Weltausstellung statt. Für den Ausstellungsstand der Teehändler war der Engländer Richard Blechynden zuständig. Er sollte die an chinesischen Grüntee gewöhnten „Yankees" zu indischem Schwarztee bekehren und hielt deshalb eine Menge Proben bereit. Von denen wollte aber niemand etwas wissen, weil über St. Louis eine heiße Sonne brütete und nur kalte Getränke gefragt waren. Als so das Geschäft überhaupt nicht lief, kam Blechynden auf die Idee, den fertig aufgebrühten Tee über Eiswürfel zu gießen und als Erfrischungsgetränk anzubieten. Damit hatte der Teehändler einen durchschlagenden Erfolg – und Eistee auf seine Art setzte sich schnell in den ganzen Vereinigten Staaten durch.

1 Liter Wasser, 10–12 TL schwarzer Tee, Zucker und Zitronensaft nach Geschmack, Eiswürfel

Den Tee besonders stark aufbrühen und abgießen, nach Belieben zuckern und mit Zitronensaft würzen. Hohe Gläser zu 2/3 mit Eiswürfeln füllen und den heißen Tee darübergießen. Durch die Schockwirkung bleiben Wirkstoffe, Aroma, Geschmack und Farbe voll erhalten.

Indischer Gewürztee

Mit Recht ist die indische Teespezialität ein Gewürztee. Von allen Ländern der Welt ist Indien der vielseitigste Gewürzproduzent. Es gibt nur wenige exotische Gewürze, die man nicht aus Indien beziehen könnte. Indien liefert vor allem schwarzen Pfeffer, Ingwer, Kardamom, Gewürznelken, Chillies, beide Zimtsorten, Muskatnuß, Muskatblüte, Nelkenpfeffer, Kurkuma, Anis, Kümmel, Koriander, Fenchel und Selleriesaat. Von den weit verbreiteten Spezialitäten fehlen nur Vanille und Paprika auf der Liste. Dafür ist Indien als Curry-Produzent berühmt. In Indien selbst wird diese Gewürzmischung nicht verwendet – die indische Hausfrau mischt ihr Curry-Gewürz je nach Rezept von Tag zu Tag neu und kennt viel mehr Abwandlungen, als ihre europäischen Kolleginnen sich jemals träumen lassen würden.

3/4 Liter Wasser, 6 TL schwarzer Tee,
1 Messerspitze gemahlener Kardamom,
1/4 TL gemahlener Anis, 3 Gewürznelken,
1/4 Stange Zimt

Das Wasser zum Kochen bringen, über den Tee gießen und die Gewürze hinzufügen. 4–5 Minuten ziehen lassen und abgießen. Nach indischem Brauch wird dieser Gewürztee mit Zucker und Milch getrunken. Man kann auch kandierte Früchte dazu reichen.

Jagertee

Für den Gebrauch in Skihütten gibt es eine ganze Reihe winterlicher Getränke – die meisten davon sind alkoholreich und nicht gerade harmlos, zumal es keine genau vorgeschriebenen Rezepte gibt. Jeder kann soviel Rum, Obstler oder Weinbrand hineinmixen lassen, wie er mag. Das gilt auch für den Jagertee, der auf jeder Tiroler Berghütte ein wenig anders zubereitet wird. Die traditionelle Gebrauchsanweisung besagt: „Ich trinke Jagertee, bis ich nix mehr seh'." Manche Hüttentees kommen ganz ohne Tee aus, etwa der Tuxer Tee aus Obstler und Stroh-Rum, Butter und Zucker oder der Liftwärmer aus trockenem Weißwein, Rum, Zitrone und Zucker. Mit dem Jagertee verwandt ist der Wolpertinger, benannt nach einem sagenhaften bayerischen Alpentier. Nehmen Sie dazu 1/8 Liter heißen starken Tee, 2 cl Whisky und etwas gemahlenen Kardamom. Darauf kommt im Glas etwas halbsteif geschlagene süße Sahne – nicht vermischen!

Für eine Person:
1/8 Liter heißer schwarzer Tee, je 1 Schuß Weißwein, Obstler und Rum, Kandiszucker

Den normal zubereiteten Tee mit Wein, Obstler und Rum mischen und vorsichtig erhitzen, aber nicht zum Kochen bringen. Kandiszukker darin zerspringen lassen. Heiß in einem Teeglas oder Keramikbecher servieren.

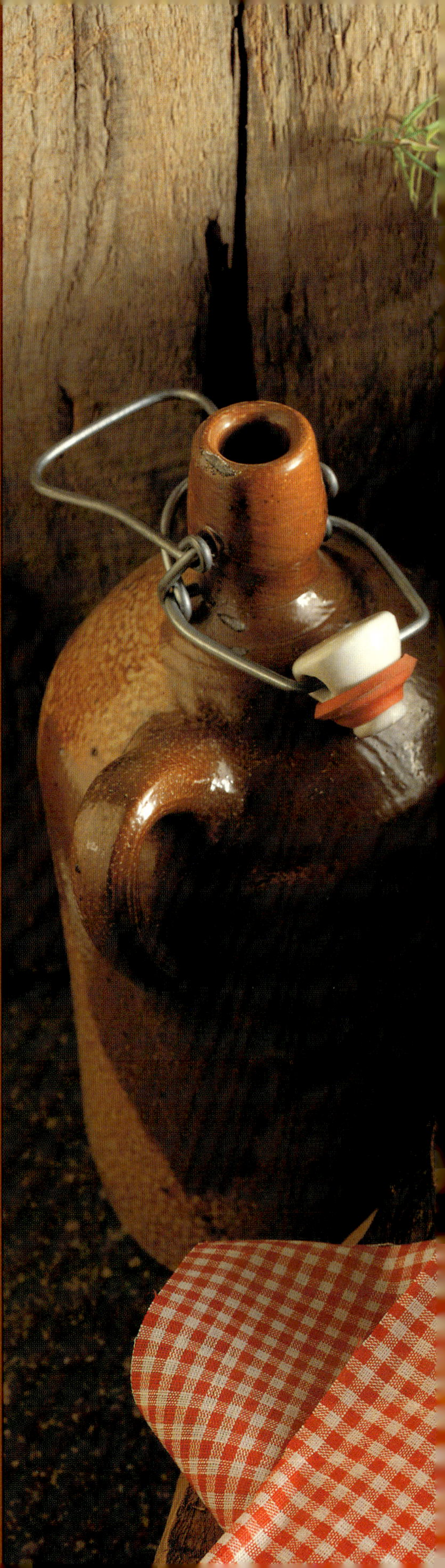

Johannisbeertee

Ein trickreiches Rezept für eine Eistee-Abwandlung, hervorragend geeignet für einen warmen Sommerabend. Clou der Sache ist der Johannisbeersaft, den man im Kühlschrank oder in der Gefriertruhe zu Eiswürfeln gefrieren läßt. Sie können mit dieser Idee experimentieren und sie zur Abwechslung mit einem anderen Fruchtsaft ausprobieren. Von den drei Johannisbeersorten – es gibt rote, weiße und schwarze – wird die rote am häufigsten angebaut. Ihr Saft ist vitamin- und mineralstoffreich und kräftig sauer. 1/2 Liter davon hat 1050 kJ = 250 kcal. Die vorgeschriebene Zitrone muß unbehandelt sein. Falls Ihr Obsthändler Sie damit nicht beliefern kann, erkundigen Sie sich im Reformhaus nach Zitronen mit nicht gespritzter Schale.

Für 6 Personen:
1/2 Liter roter Johannisbeersaft, 1 Liter Wasser, 6 TL schwarzer Tee, Zucker nach Bedarf, 1 Zitrone

Den Johannisbeersaft in den Eiswürfelbehälter des Kühlschranks geben und zu Würfeln gefrieren lassen. Wasser zum Kochen bringen, den Tee damit aufbrühen, süßen und abgießen, abkühlen lassen. In jedes Glas 2–3 Johannisbeerwürfel geben, mit kaltem Tee auffüllen. Je eine Zitronenscheibe auf die Glasränder stecken, Zitronenspiralen oder Johannisbeer-Trauben einhängen.

Kardamom-Tee

Kardamomkapseln als Tee- oder auch Kaffeebeigabe sind eine nah- und fernöstliche Spezialität. Das Gewürz gilt als verdauungsfördernd und magenregulierend, in Arabien glaubt man außerdem daran, daß Kardamomgetränke potenter machen. Kardamom stammt aus Indien, wo ein großer Teil der Ernte im eigenen Land verbraucht wird – als Gewürz zum Tee, wie bei unserem indischen Rezept, das an Ort und Stelle *Ilaichi Chah* heißt, vor allem aber als Bestandteil des Betel-Kaubissens. Araber lieben den Kardamom grün, worauf sich Pflanzer in Indien und Guatemala einstellen mußten: Sie erfanden ein neues Trockenverfahren.

10 grüne Kardamomkapseln, 1 1/2 Liter Wasser, 3 EL schwarzer Tee, 1 daumengroßes Stück ungespritzte Zitronen – oder Orangenschale; frische Milch und Zucker als Beigabe

Kardamomkapseln in das Wasser geben, dieses zum Kochen bringen, bei niedriger Temperatur 5 Minuten ziehen lassen. Den Topf von der Brennstelle nehmen und zugedeckt noch 10 Minuten ziehen lassen. Tee und Zitronenschale in eine Teekanne geben. Kardamombrühe zum Kochen bringen und mit den Kapseln über den Tee gießen. 3 Minuten ziehen lassen, dann mit Milch und Zucker servieren.

Kiwi-Eistee

Kiwi als Kuchenbelag, als Salatbeigabe, als Suppenbestandteil, als Fleischbeilage, als Frühstücksfrucht, nun auch als Getränkegrundlage – wer etwas auf sich hält, kocht mit Kiwis – Hunderte von Rezepten gibt es schon, und längst ist ein eigenes Kiwi-Kochbuch auf dem Markt.

Die exotische Frucht eroberte sich den Weltmarkt in einer noch nie dagewesenen Blitzkarriere. Sie wurde innerhalb weniger Jahre zur ausgesprochenen Modefrucht. Dabei gibt es die eiförmige Beere in China schon seit dem 15. Jahrhundert. Ein neuseeländischer Züchter gab den Anstoß für den weltweiten Verkaufserfolg. Er benannte die „chinesische Stachelbeere" nach dem neuseeländischen Schnepfenstrauß, dem Kiwi, Wappenvogel Neuseelands, hühnergroß und flugunfähig.

1/2 Liter Wasser, 2 TL schwarzer Tee,
2 TL Pfefferminztee, 8 Kugeln Zitroneneis,
2 große Kiwis, 2 cl Pfefferminzlikör

Schwarzen Tee und Pfefferminztee getrennt voneinander mit je 1/4 Liter kochendem Wasser zubereiten, abgießen und die beiden Tees mischen, abkühlen lassen. Kiwis schälen, im Mixer pürieren, mit Zitroneneis und Likör mischen. Eis auf 4 Gläser verteilen und mit eisgekühltem Tee auffüllen.

Ostfriesische Knüppeltorte

Gebäck zum ostfriesischen Tee – als „Knüppel“ werden die kleinen Teigfladen der Torte bezeichnet.

Für die Teigfladen:
6 Eigelb, 1/8 Liter saure Sahne, 100 g Zucker, 150 g Mehl, 75 g Butter.
Für die Zuckermasse:
100 g Orangeat, 200–300 g Zucker, Saft von 2 Zitronen, 250 g gemahlene Mandeln, 1 Päckchen Vanillezucker, 1 EL Rum, Fett für die Form; 1/8 Liter süße Sahne zum Garnieren

Für die Teigfladen Eigelb mit saurer Sahne verquirlen. Nach und nach Zucker und Mehl dazugeben, alles zu einem dickflüssigen Teig verrühren. In der Pfanne in heißer Butter kleine Pfannkuchen (6 cm ∅) beiderseits knusprig braun backen und wegstellen.
Für die Zuckermasse das Orangeat sehr fein würfeln. Zucker und Zitronensaft verrühren, bis sich der Zucker gelöst hat. Mit Mandeln, Vanillezucker, Rum und Orangeat mischen. Eine Springform (22 cm ∅) einfetten, eine Lage Teigfladen hineingeben und mit Zuckermasse bedecken. So fortfahren, bis Teigfladen und Zuckermasse verbraucht sind. Die oberste Schicht soll aus Teigfladen bestehen. Die Knüppeltorte über Nacht in den Kühlschrank stellen. Am nächsten Tag die Torte auf eine Kuchenplatte stürzen, in Portionsstücke teilen und mit steifgeschlagener Sahne garnieren.

Persischer Liebestrank

Ein orientalisch gewürzter Tee, der mit dem indischen Gewürztee eng verwandt ist. Sie können ihn zusätzlich mit Zucker oder Kandis süßen, wenn er Ihnen so zu rauh vorkommt. Persien (Iran) selbst ist kein bedeutender Gewürzproduzent, sondern muß alle Zutaten aus Indien oder Indonesien importieren. Als einziges Eigenprodukt steht Kümmelsaat auf der internationalen Liste der Gewürzerzeuger. Aber deshalb ist die iranische Küche keineswegs gewürzarm, ganz im Gegenteil – und mit mitteleuropäischer Phantasie kann man sich den würzigen Liebestrank ganz gut in den abgeschlossenen Räumen eines Harems vorstellen. Er enthält keinen Alkohol, der ja in islamischen Ländern ohnedies verboten ist, aber bei uns spricht nichts dagegen, den Liebestrank mit Rum, Weinbrand oder einem Obstschnaps feuriger zu machen.

3/4 Liter Wasser, 6 TL schwarzer Tee, 1 Prise gemahlener Ingwer, 1 Prise gemahlener Zimt, 1 Gewürznelke, 4 kandierte Kirschen oder Ananasecken

Das Wasser zum Kochen bringen, über den Tee gießen und die Gewürze hinzufügen. 4–5 Minuten ziehen lassen und abgießen. In jede Tasse eine kandierte Kirsche oder Ananasecke geben und mit heißem Tee aufgießen.

Mango-Teegelee

Nach diesem Rezept können Sie auch beliebige andere Teegelees mit Fruchtsaft zubereiten. Versuchen Sie es mit Orangen-, Johannisbeer-, Trauben- oder Maracujasaft. Bei sehr sauren Säften sollte der Zuckeranteil erhöht werden. Mit Kiwi- oder Ananassaft funktioniert das Rezept nicht – beide enthalten ein Enzym, das die Gelatine am Festwerden hindert.

1/4 Liter Mangosaft, 4 TL schwarzer Tee, 3 Eigelb, 80 g Zucker, abgeriebene Schale einer halben Zitrone (ungespritzt), 2 EL Zitronensaft, 2 cl Rum, 5 Blatt weiße Gelatine, 1/4 Liter süße Sahne, Borkenschokolade zum Garnieren

Mangosaft zum Kochen bringen und den Tee damit aufbrühen, 4–5 Minuten ziehen lassen und durch ein Sieb gießen. Den Tee kaltstellen. Eigelb mit Zucker schaumig schlagen, Zitronenschale und -saft sowie Rum dazugeben. Gelatine in kaltem Wasser einweichen, nach 10 Minuten erwärmen, ausdrücken, bis sie vollständig verteilt ist, und portionsweise zum Eigelb schlagen. Den kalten Tee unterziehen. Sahne steifschlagen und unterheben, sobald die Masse zu gelieren beginnt. In eine mit kaltem Wasser ausgespülte Schüssel oder in Portionsschälchen füllen und im Kühlschrank erstarren lassen. Zum Servieren auf eine Platte oder einen Glasteller stürzen und mit Borkenschokolade garnieren.

Maracujatee auf Eis

Maracuja ist die internationale Bezeichnung für die Passionsfrucht oder Granadilla, die aus Brasilien stammt und wie der Tee am besten in tropischen Höhenlagen gedeiht. Die 5–6 cm langen eiförmigen Früchte schmekken süßsauer und aromatisch. Je nach Herkunft und Sorte sind sie braunlila, gelb oder rot. Maracujasaft gilt als beruhigend und schlaffördernd. Es gibt zahlreiche Maracujaliköre auf dem deutschen Markt, und Maracujaeis ist seit Jahren beliebt. Angeboten werden auch Saft, Nektar und Sirup aus der exotischen Frucht. Probieren Sie mal Mü(e)sli mit Maracujasirup – ein Genuß! In Brasilien liebt man Rumpunsch aus Rum, Weinbrand, Maracujasaft und Dosenmilch. Die Peruaner bevorzugen einen Cocktail aus weißem und braunem Rum, Maracujasaft und Eis, wogegen auf Hawaii eine Mischung aus Rum, Orangen- und Maracujasaft, Grand Marnier und Angostura beliebt ist.

3/4 Liter Wasser, 10 TL Maracujatee, 8 EL Granatapfellikör, 1/2 Haushaltspackung Maracujaeis (250 g)

Das Wasser zum Kochen bringen, über den Tee gießen und diesen 4–5 Minuten ziehen lassen. Tee abgießen und kaltstellen. Kalten Tee mit dem Likör verrühren und auf Gläser verteilen. Eis in Würfel schneiden und mit dem Getränk servieren.

Marokkanischer Tee

Was steht auf den nordafrikanischen Getränkekarten? Zu den Mahlzeiten wird im allgemeinen nur Wasser getrunken. Andere Getränke sind Milch und mit Orangenblütenwasser aromatisierte Fruchtsäfte. Der im Land angebaute Wein wird exportiert – Muslims dürfen ihn ja normalerweise ohnedies nicht trinken. Das gilt auch für den marokkanischen Feigenlikör *Boura.* Aber *thé à la menthe,* Tee mit Pfefferminz, gibt es in Marokko wie in Tunesien zu jeder Tageszeit. Auch ein Gast, der nur für fünf Minuten hereinschaut, wird damit erfreut. Unser Rezept schildert ein vereinfachtes Verfahren. In Marokko werden Schwarztee und Pfefferminztee in gesonderten Kannen aufgebrüht und aus beiden mit gleichzeitigem Strahl eingeschenkt – wie in Frankreich der Milchkaffee zum Frühstück.

1 Aufgußbeutel Pfefferminztee, 1/4 Liter Wasser, 4 Teelöffel schwarzer Tee, 1/2 Liter Wasser, weißer Kandiszucker

Pfefferminztee mit 1/4 Liter kochendem Wasser überbrühen. Schwarzen Tee mit 1/2 Liter kochendem Wasser überbrühen, 4–5 Minuten ziehen lassen und abgießen. Pfefferminztee-Beutel herausnehmen. Pfefferminz- und schwarzen Tee mischen, mit Kandiszucker gesüßt servieren.

Mongolischer Tee

Von den Teegebräuchen der Mongolen sind in der Literatur Wunderdinge nachzulesen. Was da so alles an Zutaten vorgeschrieben sein soll, bringt einen mitteleuropäischen Gaumen zum Zittern. Deshalb hier ein Originalrezept für *Mongolski Chay,* damit Sie es auf einen Versuch ankommen lassen können. Das fertige Erzeugnis erinnert eher an Haferschleim für Magenleidende als an ein Teegetränk. Es gibt aber in der Mongolei auch noch andere Teebräuche – etwa den Tee der Kalmüken aus grünem Ziegeltee, süßer Sahne, Butter und Pfefferkörnern.

1 EL schwarzer Assamtee, 1/2 Liter Wasser, 20 g Butter, 30 g Mehl, 1/8 – 1/4 Liter Milch, 40 g gekochter Reis, 1 Prise Salz

Den Tee in einem Mörser zu feinem Pulver zerstoßen, in einen Topf geben und das Wasser dazugießen. Aufkochen und auf niedrigste Stufe herunterschalten. 15 g Butter in einer Pfanne erhitzen, das Mehl darin einige Minuten anschwitzen. Portionsweise die Milch dazugeben und verrühren. Erhitzen, bis eine dickliche Creme entstanden ist. Restliche Butter und Reis hineinrühren. Die Mischung in den Teetopf schütten, aufkochen und mit Salz abschmecken. Heiß servieren.

Neujahrskuchen

Sie werden in Ostfriesland auch Eiserkuchen genannt. Früher waren sie als *Niejöhrkes* das traditionelle Neujahrsgebäck, das den zum Glückwünschen erscheinenden Nachbarn, aber auch dem Gesinde und den Kindern angeboten oder geschenkt wurde. „Glückselsk Niejoahr, sün de Kauken all gar“, lautete die nachbarliche Gratulation. Im gleichen Atemzug hieß es: „’n Schluck doarbi is gaut för mi“ – und bei diesem Schluck konnte es sich um Tee handeln, aber auch um etwas Hochprozentiges. Die zum Backen notwendigen Eiserkucheneisen gibt es noch in vielen Familien – falls nicht, fragen Sie in der Nachbarschaft danach.

250 g weißer Kandis, 3/4 Liter Wasser, 500 g Mehl, 1 kleine Prise Salz, 1 gehäufter TL gemahlener Anis, 1 TL gemahlener Zimt, 200 g Butter, 2 Eier

Den Kandis in heißem Wasser auflösen. Das Mehl in einer Schüssel mit Salz, Anis und Zimt mischen. Die Butter schmelzen und mit den Eiern, der Zuckerlösung und dem Mehl zu einem Teig verrühren. Den Teig löffelweise in ein Eiserkucheneisen geben, goldbraun backen. Die Blättchen noch heiß aus dem Eisen nehmen und zu Tüten oder Röllchen drehen. Nach Belieben mit Schlagsahne oder einer leichten Sahnecreme füllen.

Ostfriesischer Tee

„Ostfriesische Gemütlichkeit hält stets ein Täßchen Tee bereit", heißt es bei den Ostfriesen. Und das „stets" ist wörtlich zu nehmen. Tee gibt es schon morgens als Frühstücksgetränk, dann gegen elf Uhr als erfrischenden *Elführtje* mit einem Glas Schnaps hinterher. Haupt-*Teetied* ist nachmittags zwischen zwei und drei Uhr. Und natürlich gibt es Tee auch nach dem Abendessen. Stets handelt es sich um tiefdunkel aufgebrühten Tee – alles andere ist für die friesische Hausfrau *Spölwater* –, verfeinert mit einem *Kluntje* weißen Kandiszuckers und einem *Wulkje Room,* einem Wölkchen Sahne, das nicht verrührt werden darf.

1 Liter Wasser, 6–7 gehäufte TL ostfriesische Teemischung, 4 Stücke weißer Kandiszucker (Kluntje), süße Sahne nach Bedarf

Frisches Wasser zum sprudelnden Kochen bringen. Teemischung in die Kanne geben und das kochende Wasser übergießen. 3–4 Minuten ziehen lassen, den Tee in eine zweite Kanne absieben. In jede Teetasse ein Stück Kandiszucker legen, gut zur Hälfte mit heißem Tee auffüllen. Sahne mit einem Sahnelöffel auf den Tee „legen", nicht umrühren. Nach dem Austrinken auf den restlichen Kandiszucker neuen Tee gießen. Oft reicht es auch noch zu einer dritten Tasse.

Altenglischer Punsch

Punsch ist eine britische Erfindung. Nach Auskunft des „Larousse Gastronomique", des umfangreichsten kulinarischen Nachschlagewerkes der Welt, ist Punsch erstmals 1552 von englischen Seeleuten in Indien zubereitet worden, und aus dem Indischen scheint auch der Name zu stammen. Er ist wohl abgeleitet vom indischen *pantscha* = fünf, weil normalerweise fünf Hauptzutaten dazugehören. Davon hatte Schiller noch nichts gehört, als er 1803 sein berühmtes Punschlied dichtete. Bei ihm kommen nur vier Zutaten vor, nämlich Zitrone, Zucker, Wasser und Alkohol. „Eh es verdüftet, schöpfet es schnell", heißt es bei Schillern.

10 Stück Würfelzucker, 1 unbehandelte Orange, 1 unbehandelte Zitrone, 1 Flasche Rotwein, 3 Tassen starker schwarzer Tee, 4 cl Curaçao

Den Würfelzucker an der Orangen- und Zitronenschale abreiben, in einem Topf hellgelb schmelzen. Den Topf von der Brennstelle nehmen und langsam ein Glas Rotwein zum Karamel gießen. Den Zucker darin erhitzen, bis er sich aufgelöst hat. Nun weiter den Rest des Rotweins hinzufügen und heiß werden lassen, aber nicht zum Kochen bringen. Den Tee stark (7–9 TL/Liter) zubereiten und heiß zum Rotwein mischen. Den Punsch mit Curaçao abschmecken, bei Bedarf noch etwas nachzuckern.

MINCING LANE
LIQUEUR EXTRA FINE
INH.0,7 L

Brändelpunsch

Das ist eine Weißwein-Tee-Abwandlung der berühmten Feuerzangenbowle, und Sie brauchen auch das gleiche Zubehör wie bei dieser: einen Punschkessel, am besten aus Kupfer, eine Feuerzange und einen kleinen Zuckerhut – beides bekommen Sie zusammen mit einer Flasche Rum als Set im Feinkosthandel. Wenn Sie wollen, können Sie auch Weißwein und Tee zuerst im Kessel erhitzen und dann mit der Zuckerhutprozedur beginnen. Der schmelzende Zucker tropft dann in den Wein und löst sich schneller auf. Sie müssen nur darauf achten, daß der Wein während des Verfahrens nicht zu kochen beginnt – dann verliert er seinen Alkohol.

1 Liter starker Tee, 1 kleiner Zuckerhut (250 g), 1 kleine Flasche hochprozentiger Rum, 2 Flaschen trockener Weißwein, Saft von 1 Orange und 1 Zitrone

Starken Tee zubereiten. Feuerzange oder Drahtrost über einen Punschkessel legen. Einen Zuckerhut darauflegen, mit Rum tränken (Schöpflöffel verwenden, nicht aus der Flasche gießen), anzünden und warten, bis der ganze Zucker in den Kessel getropft ist. Immer wieder Rum nachgießen. Weißwein mit Tee, Orangen- und Zitronensaft erhitzen, aber nicht kochen lassen, in den Punschkessel gießen, mit dem Zucker vermengen und heiß anrichten.

Französischer Apfelpunsch

Ein duftiger Punsch, der seinen Geschmack von Äpfeln und Ananas bezieht und dank einer sparsamen Spirituosenzugabe (Calvados) extrem alkoholschwach ausfällt. Er schmeckt heiß am besten, man kann ihn aber auch als kühles Sommergetränk servieren oder – heiß oder kalt – ganz ohne Alkohol. Der Apfelschnaps Calvados stammt aus der Normandie in Frankreich, wo er sich seit 1553 nachweisen läßt. Er wird aus dem säuerlichen Apfelwein Cidre destilliert, zu dem der größte Teil der normannischen Apfelernte von etwa 9 Milliarden Äpfeln jährlich verarbeitet wird.

Für 4–6 Personen:
1 Liter starker Tee, 100 g brauner Kandis, 500 g säuerliche Äpfel, 1/2 frische Ananas, 1/2 Limette, 1/2 Zimtstange, 2 Gewürznelken, je 3 Koriander- und Pimentkörner, 1/8 Liter Calvados, 1/4 Liter süße Sahne, brauner Kandis zum Garnieren

Starken Tee zubereiten, in einen Topf gießen und den Kandis dazugeben. Früchte schälen und in dünne Scheiben schneiden, zum Tee geben, die Gewürze hinzufügen, aufkochen und bei schwacher Hitze 5 Minuten ziehen lassen. Von der Brennstelle nehmen, den Calvados hineinrühren, alles durch ein Sieb geben und heiß in Gläser oder Becher füllen. Steifgeschlagene Sahne obenauf setzen und mit gestoßenem Kandis garnieren.

Japanischer Teepunsch

Für grünen Tee, wie ihn die Japaner bevorzugen, gibt es nicht allzu viele Rezepte – dies ist eines davon. Grünen Tee bekommen Sie in guten Teefachgeschäften, notfalls auf Bestellung, oder in Teeversandhäusern. Sie werden sich an den Geschmack erst gewöhnen müssen, weil der Grüntee einen höheren Prozentsatz an Gerbsäure besitzt – beim Schwarztee wird sie zum Teil bei der Fermentation neutralisiert. Sie können den grünen Tee sofort nach dem Aufbrühen und Ziehen abseihen, können ihn aber auch erst zuckern und die Zitronenschale hineingeben, bevor der Tee gefiltert wird. Milder wird die Mixtur, wenn Sie den Jamaika-Rum durch einen weißen Rum (z. B. Bacardi) ersetzen oder die Rum-Menge insgesamt verringern.

2 TL grüner japanischer Tee, 1/2 Liter Wasser, 250 g Zucker, abgeriebene Schale einer ungespritzten Zitrone, 2 Flaschen trockener Weißwein, 1 Flasche Jamaika-Rum

Wasser zum Kochen bringen, etwas abkühlen lassen, den Tee 4–5 Minuten ziehen lassen und abseihen. Zucker und Zitronenschale hineingeben, den Zucker auflösen. Wein und Rum mit dem Tee-Extrakt mischen, bei schwacher Hitze heiß werden lassen, aber nicht zum Kochen bringen. Auf einem Stövchen servieren.

Kirschwasser-Eierpunsch

Viele „harte Sachen“ geben ausgezeichnete Punschgrundlagen ab: der duftende Rum, der kräftige Arrak, der edle Weinbrand, der handfeste Whisky und das wärmespendende Kirschwasser zum Beispiel. Wer mit Zutaten dieser Art punscht, sollte sich vor Augen halten, daß die Qualität des Endproduktes auch hier – und gerade hier! – mit der Rasse und dem Charakter der verwendeten Grundstoffe steht oder fällt. Trinken Sie lieber seltener Punsch oder Grog, dafür aber echt! Auch der Punsch aus „harten Sachen“ darf auf keinen Fall zum sprudelnden Kochen gebracht werden. Wenn heißes Wasser oder Tee zuzusetzen sind, denken Sie bitte an Ihre Kaffeekoch-Lehrzeit: Kein „totgekochtes“ Wasser verwenden, das im Wasserkessel oder Topf schon eine Viertelstunde brodelnd gedampft hat, sondern nur Wasser, das eben zu wallen begonnen hat und Ihrem Getränk eine sympathische Frische verleiht.

1 Liter starker schwarzer Tee, 450 g Zucker, 5 Eigelb, 3/4 Liter Kirschwasser

Mit 7–9 TL/Liter einen starken Tee zubereiten und heiß mit 250 g Zucker mischen. Eigelb mit 200 g Zucker und dem Kirschwasser schaumig rühren, unter ständigem Schlagen über milder Hitze in den heißen Tee geben. Erhitzen, bis der Punsch aufzusteigen beginnt.

KIRSCH
WASSER
45%
TEE

Orangenpunsch

Lassen Sie sich bitte nicht zu der Ansicht verleiten, man könne für heiße Mischgetränke Weine und Spirituosen verwenden, die für das Pur-Trinken nicht gut genug sind. Die punschübliche Hitze würde nämlich die Schwächen Ihrer Grundstoffe sehr schnell an den Tag bringen. Sicherlich erinnern Sie sich daran, daß man billige Weine und Sekte noch halbwegs dadurch retten kann, daß man sie besonders stark gekühlt serviert. Beim Punsch verhält es sich umgekehrt – die Hitze kitzelt das volle Aroma heraus, und auch die stärkste Würze kann auf die Dauer nicht vertuschen, daß Sie unter Ihrem Niveau gepanscht habe. Punschen Sie also nur mit erstklassigen Zutaten!

3 ungespritzte Orangen, 4 cl brauner Rum, 1/2 Liter starker schwarzer Tee, 250 g Zucker, 3 Flaschen Rotwein

Orangen schälen, in dünne Scheiben schneiden und entkernen, die Scheiben in eine Punschterrine legen und leicht zuckern, mit dem Rum begießen und 2 Stunden ziehen lassen. Tee stark zubereiten, mit restlichem Zukker mischen, Rotwein dazugießen, die Mischung bis kurz vor dem Siedepunkt erhitzen und über die Orangenscheiben gießen. Nach Belieben mit etwas braunem Rum nachwürzen.

Planters Punch

Nach klassischer Mixer-Definition ist Planters Punch ein kaltes Erfrischungsgetränk aus Zitronensaft, leichtem Rum und vielen Früchten. Wenn der Pflanzer wirklich mal friert, bevorzugt er das heiße Modell seines Punschs, das wir unten beschreiben.

Um endlich einmal zu ergründen, warum der Rum eigentlich Rum heißt, legte ich mich auf den Teppich und zog die Nachschlagewerke aus dem Regal, eins nach dem andern. Auf dem Teppich ging das deshalb vor sich, weil die schweren Lexikonbände in der untersten Reihe des Regals stehen. Und nach dem Stichwort „Rülpsen, siehe Aufstoßen“ und „Rülzheim, Dorf in der bayerischen Pfalz“ fand ich schließlich eine Menge über Rum. Ich erfuhr, daß Rum ein alter Name von Konia in Kleinasien sei, daß die schottische Insel Rum zu den Inneren Hebriden gehöre – und daß das Rum-Getränk nach *rumbullion* = Aufruhr benannt ist.

1 Liter starker schwarzer Tee, 200 g Zucker,
Saft von 3 Zitronen, 1/8 Liter Ananassaft,
1/2 Flasche Jamaika-Rum, 2 cl Weinbrand

Starken Tee zubereiten, Zucker im Tee auflösen. Zitronen- und Ananassaft dazugeben, mit Rum und Weinbrand verrühren. Das Getränk auf schwacher Hitze bis kurz vor dem Siedepunkt erhitzen und sofort anrichten.

MORGA
Captain Mor
Black Lab
JAMAICA RU

Punch français

Eine französische Punsch-Abart mit einem leichten Touch von Feuerzangenbowle, vereinfachtes Verfahren. Sie erinnern sich, wie Heinrich Spoerl diesen Trank definierte? Bitte sehr: „Eine Feuerzangenbowle hat es in sich. Nicht wegen des Katers, das ist eine Sache für sich. Eine Feuerzangenbowle ist keine Bowle. Sie ist ein Mittelding zwischen Gesöff und Hexerei. Bier sackt in die Beine. Wein legt sich auf die Zunge. Schnaps kriecht ins Gehirn. Eine Feuerzangenbowle aber geht ans Gemüt. Weich und warm hüllt sie die Seelen ein, nimmt die Erdenschwere hinweg und löst alles auf in Dunst und Nebel …" In Spoerls Buch wird in der Stunde der Feuerzangenbowle beschlossen, den jungen, erfolgreichen Schriftsteller Dr. Hans Pfeiffer („mit 3 f") in ein Gymnasium zu schicken, wo er alle die Pennälerdummheiten nachholen soll, die er bei seinem Hauslehrer nicht machen konnte.

3/4 Liter heißer schwarzer Tee,
500–750 g Zucker, 1 Liter brauner Rum
(54%ig), Saft von 5 Zitronen und 5 Orangen

Tee normal zubereiten. Zucker in einem Punschkessel mit dem Rum begießen, anzünden und abbrennen lassen, bis der Zucker braun geworden ist. Tee und Fruchtsäfte dazugießen. Auf einem Stövchen anrichten.

Royal Tea Punch

Ein kalter Teepunsch „königlicher Art“ mit Fruchtsäften, aber ohne Alkohol, also auch für eine sommerliche Kinderparty geeignet. Bei Bedarf kann man noch etwas Zucker dazugeben. Die Eiswürfel sollten nicht in das Getränk getan werden, sondern zur Außenkühlung des Bowlengefäßes verwendet werden. Manche Bowlengefäße verfügen auch über einen Glaseinsatz, den man in das Getränk stellen kann, mit Eisstücken gefüllt. Im Getränk selbst würden Eiswürfel nur verwässern – wenn Ihnen die Mixtur zu kräftig ist, tun Sie lieber noch etwas mehr Sprudel hinein. Im übrigen lassen sich für Royal Tea Punch auch andere als die angegebenen Fruchtsäfte verwenden – Sie sollten es auf einen Versuch ankommen lassen und Säfte der Jahreszeit nehmen.

1/2 Liter Wasser, 1 EL schwarzer Tee, 1/2 Liter Traubensaft, 1/4 Liter Grapefruitsaft, 1/2 Liter saurer Sprudel, Eiswürfel

Wasser zum Kochen bringen, den Tee damit überbrühen, 4–5 Minuten ziehen lassen, abseihen und kaltstellen. Trauben- und Grapefruitsaft mit dem Tee mischen, das Getränk mit Sprudel schlanker machen, in einem Bowlengefäß anrichten und dieses von außen mit Eiswürfeln kühlen.

Schlehen-Teepunsch

Sie brauchen nicht nach dem ersten Frost, wie sich das gehört, auf die Hänge zu klettern und Schlehen zu ernten, um diesen köstlichen Punsch brauen zu können. Schlehensaft gibt es im Zweifelsfall im Reformhaus, ebenso den vitamin-C-haltigen Sanddornsirup. Die Schlehe ist eng mit Pflaumen und Mirabellen verwandt, was schon der botanische Name zeigt: *Prunus spinosa*. Dennoch wird sie bei uns nicht zum Obst gerechnet, oder höchstens zum wildwachsenden. Die Früchte wachsen überall von Sibirien bis Mitteleuropa wild – zum Beispiel an dem Hang hinter unserem Haus, der zur Zeit der Schlehenblüte aussieht, als habe der schroffe Kalkstein ein Hochzeitskleid angezogen. Schlehensaft wird gegen Magen- und Nierenleiden empfohlen. So hat unser Teepunsch auch eine gesundheitliche Aufgabe und möge Ihnen gut bekommen.

1 Liter Wasser, 6 TL schwarzer Tee, 1/2 Liter Schlehensaft, 2 cl Sanddornsirup, 100 g Zucker, Saft einer Zitrone

Wasser zum Kochen bringen, den Tee damit überbrühen, 3–4 Minuten ziehen lassen und abgießen. In einem Topf mit Schlehensaft, Sanddornsirup, Zucker und Zitronensaft vermischen. Bis kurz vor dem Siedepunkt erhitzen und in Teegläser füllen.

Silvesterpunsch

Den größten Punsch aller Zeiten stiftete der britische Admiral Sir Edward Kennel seinen Truppen am 25. Oktober 1599. Er ließ den Punsch in einem riesigen Marmorbecken auf seinem Landgut brauen. Zutaten waren 80 Fäßchen Schnaps, 9 Fässer kochendes Wasser, 25000 große Zitronen, 80 Pinten Zitronensaft, 6 Zentner Zucker, 5 Pfund geriebene Muskatnüsse, 300 Biskuits und ein großes Faß Malagawein. Damit es nicht in die dampfende Pracht regnen konnte, wurde über dem Punsch-Pool ein Baldachin aufgespannt. Ein Schiffsjunge, der auf einem Rosenholzboot über den aromatischen Teich fuhr, bediente die mehr als 6000 Gäste. Er mußte viertelstündlich abgelöst werden – länger war der alkoholische Dampf nicht auszuhalten. Ob Marmorbecken oder Punschterrine – verwenden Sie für Ihren Punsch immer nur erstklassige Zutaten.

1 Liter kräftiger schwarzer Tee, 1 Liter Rotwein, 300 g Zucker, 1/2 Liter Arrak

Den Tee zubereiten, mit Rotwein zum Sieden bringen, aber nicht kochen lassen. Von der Brennstelle nehmen. Zucker mit Arrak mischen und vorsichtig anwärmen, bis er sich gelöst hat. Das Gemisch anzünden und brennend in den heißen Rotweintee gießen. In einer Punschterrine auftragen, in feuerfesten Gläsern servieren.

DEZEMBER
31
SAMSTAG
SILVESTER

Teepunsch mit braunem Kandis

Kandiszucker war schon den Arabern des 9. Jahrhunderts als Nascherei bekannt. In großen Gläsern kühlten sie eine heiße, gesättigte Zuckerlösung ab, die dabei große Kristalle bildete. War das geschehen, mußten die Gläser zerschlagen werden, um an die Kandiskristalle heranzukommen. Später wurden dann wirtschaftlichere Verfahren entwickelt. In die Zuckerlösung wurden Holzstäbchen, Schilfhalme oder Wollfäden eingehängt, an denen sich die Kristalle bildeten. Heute ist auch das nicht mehr erforderlich – aber kristallisiert wird nach wie vor, nach Maß und in weißer oder brauner Ausführung.

Schale einer unbehandelten Orange, Saft von 2 Zitronen, 1/2 Flasche Weinbrand (0,375 Liter), 1/2 Liter starker schwarzer Tee, 1 Flasche Rotwein, 100 g brauner Kandiszucker, 2 Stangen Zimt, 1/2 Flasche Rum (0,375 Liter), einige Spritzer Campari

Orangenschale abreiben, mit dem Zitronensaft zum Weinbrand geben und 2 Stunden ziehen lassen, in einen Topf sieben. 1/2 Liter starken Tee (4–5 TL) bereiten, mit Rotwein, braunem Kandis und Zimtstangen in den Topf geben, die Mischung erhitzen, aber nicht kochen. Zuletzt den Rum und einige Spritzer Campari dazugeben. Heiß servieren.

JAMAICA
EMON
HART
RUM

Schottentee

Was den Iren recht ist, sollte den Schotten billig sein. In Irland wurde der Irish Coffee kreiert, eine Mischung aus Mokka, Irish Whiskey, Kandiszucker und Sahnehaube. Für Schottland erfanden einfallsreiche Teefreunde den Schottentee, ein nicht minder attraktives Getränk, dessen Rezept wir Ihnen hier verraten wollen.

Für die verschiedenen Whisky-Punsche empfiehlt sich Scotch Whisky, der ja in der Regel immer ein Verschnitt aus würzigem Malzwhisky und eher neutralem Getreidewhisky ist. Auch Irish Whiskey läßt sich für Punsche verwenden, wogegen der amerikanische Bourbon im Geschmack zu stark abweicht und auch der Canadian dem Getränk einen unplanmäßigen Drall geben könnte. Im Zweifelsfall müssen Sie es auf einen Versuch ankommen lassen.

3/4 Liter starker heißer Tee, 4 Stücke weißer Kandis, 4 Gläschen Scotch Whisky (je 4 cl), 1/4 Liter süße Sahne, 1 Prise geriebene Muskatnuß

Starken Tee zubereiten. Kandiszucker auf 4 große Steinguttassen verteilen, mit Whisky bedecken und den heißen Tee zugießen. Sahne steifschlagen, mit wenig Muskat würzen und auf den Tee geben. Den Schottentee durch die kalte Sahnehaube trinken.

Schwarzer Johannisbeer-Teeflip

Die würzigen schwarzen Johannisbeeren geben dieser Mixtur den besonderen Charakter. In Deutschland werden die Beeren erstmals 1750 erwähnt – die roten und weißen Johannisbeeren sind dagegen schon seit dem 15. Jahrhundert bekannt. Im Gegensatz zu ihren Vettern werden die schwarzen Beeren nur selten „im Stück" verzehrt, sondern vorwiegend zu Saft, Konfitüren und Likören (Cassis aus Dijon) verarbeitet. Johannisbeeren sind besonders säurereich, die schwarzen enthalten Vitamin C in großen Portionen, außerdem die Vitamine B und P sowie erhebliche Anteile an Gerbsäure (Tannin): bis zu 0,34 g je 100 g. Da die Beerenernte von Hand zeitraubend und teuer ist, werden Sorten gezüchtet, die sich maschinell vom Strauch schütteln lassen.

1/2 Liter Wasser, 7 TL schwarzer Tee, 2 EL brauner Zucker, 1/4 Liter schwarzer Johannisbeersaft, 4 cl weißer Rum, 4 cl Johannisbeerlikör, 1/8 Liter süße Sahne, etwas Borkenschokolade zum Garnieren

Wasser zum Kochen bringen und über den Tee und den Zucker gießen. 4–5 Minuten ziehen lassen, dann den Tee abgießen und kaltstellen. Rum, Johannisbeersaft und Johannisbeerlikör zum kalten Tee geben und abschmecken. Die Mischung auf Gläser verteilen, mit Sahnehauben krönen und mit Borkenschokolade garnieren.

Sekt-Tee

Die offizielle Bezeichnung für dieses Rezept lautet Champagner-Tee, und natürlich klingt das viel besser als Sekt-Tee. Niemand hat etwas dagegen, wenn Sie den Ansatz mit echtem Champagner aufgießen, aber unbedingt nötig ist es nicht, ein guter halbtrockener Sekt tut es auch oder schmeckt sogar besser. Schaumweine sind sie beide, nur daß der eine aus der Champagne stammt und ganz bestimmten Produktionsrichtlinien unterliegt, der andere aus Deutschland, wo er nicht weniger sorgfältig hergestellt wird als der berühmtere Vetter aus Frankreich. Wichtig ist bei dieser Mixtur, daß alle Zutaten gut gekühlt zusammengegossen werden. Noch besser, Sie geben in jedes Glas etwas von der Teemischung und füllen mit Sekt aus dem Kühlschrank auf, wohin die Flasche anschließend sofort wieder verschwindet.

1/4 Liter Wasser, 4 TL schwarzer Tee, Zucker oder Kandis nach Bedarf, Saft einer halben Zitrone, 2 Flaschen halbtrockener Sekt, 4 Zitronenscheiben

Wasser zum Kochen bringen, den Tee damit überbrühen, 3–4 Minuten ziehen lassen, abgießen und abkühlen lassen. Mit Zucker oder Kandis süßen, Zitronensaft dazugeben, kaltstellen. Zum Servieren mit kaltem Sekt aufgießen, je eine Zitronenscheibe hineingeben.

Stärkungstee

Warum nicht den Tee zur Abwechslung statt mit Wasser einmal mit Milch aufbrühen? Bei unserem Stärkungstee wird es so gemacht, und Sie sollten darauf achten, daß Sie Frischmilch verwenden, keine H-Milch oder dergleichen. Arbeiten Sie flink, was am besten mit dem Handrührgerät gelingt, damit der Stärkungstee frisch und heiß in die Gläser kommt. Sie können ihn nicht zum Schluß noch einmal aufwärmen, weil sonst die Eigelb gerinnen. Nach einem ähnlichen Rezept können Sie Hoppelpoppel zubereiten. Kochen Sie dazu 1/2 Liter süße Sahne mit einem 1/2 Liter starkem Tee und etwas Zucker auf. Schlagen Sie 4 Eigelb mit 1/2 Liter Arrak schaumig und geben Sie diese Mischung unter ständigem Rühren an die Teemilch – fertig.

3/4 Liter Milch, 6 TL schwarzer Tee, 3 Eigelb, 1 EL Honig

Von der Milch eine Tasse abnehmen und wegstellen. Restliche Milch zum Kochen bringen, über den Tee gießen, 3–4 Minuten ziehen lassen und abgießen. Eigelb mit Honig schaumig schlagen, nach und nach die zurückgestellte kalte Milch dazugeben und weiterschlagen. Unter ständigem Schlagen, am besten mit dem Handrührgerät, portionsweise die heiße Teemilch dazugeben, heiß auf Gläser verteilen.

Teecreme mit Vanilleeis

Ein ausgefallenes Dessert, das den würdigen Abschluß einer ausgedehnten Mahlzeit darstellen könnte. Die Creme besteht aus Schlagsahne, die mit sehr starkem Tee gewürzt wird und zu dem fertig eingekauften Vanilleeis einen interessanten Kontrast darstellt. Sie können die Creme einfach auf das Eis löffeln, können sie aber auch in einen Spritzbeutel füllen und in Tupfen auf das Eis setzen. Wenn Sie die Creme mit etwas Gelatine steifen, können Sie das Dessert frühzeitig vorbereiten und in der Tiefkühltruhe bereithalten – der Kühlschrank reicht dazu nicht aus, in ihm würde das Eis zu schnell schmelzen. Wenn das Eis ausreichend gesüßt ist, brauchen Sie die Sahne nur mit wenig Zucker zu schlagen – das kommt auf einen Versuch an. Sie können zusätzlich kleine Waffeln, Hippen, Pfannkuchen oder Plätzchen zur Teecreme mit Vanilleeis anbieten.

4 TL schwarzer Tee, 1/4 Liter süße Sahne, Zucker nach Bedarf, 12 Kugeln Vanilleeis, 1 TL gemahlener Zimt oder Kakao

Aus dem Tee mit 2 cl kochendem Wasser einen Extrakt bereiten, 4–5 Minuten ziehen lassen, abgießen und abkühlen lassen. Die Sahne steifschlagen, nach Bedarf zuckern und den Tee-Extrakt unterrühren. Vanilleeis auf 4 Glasteller oder Sektschalen verteilen, mit Teecreme überziehen und leicht mit Zimt oder Kakao bestreuen.

Tee-Eier

Eines der ganz wenigen nicht-süßen Teerezepte. Tee-Eier gehören in China als *Cha yip dahn* zu einer Vorspeisenplatte. Sie sehen mit ihrer leicht braunen Färbung und der dunklen, durch die angebrochene Schale verursachten Netzzeichnung sehr dekorativ aus und schmecken zart nach Anis und Zimt. Wenn Sie die Tee-Eier ganz original chinesisch zubereiten wollen, müssen Sie die vorgeschriebenen Gewürze weglassen und dafür 1 EL chinesisches Fünf-Gewürze-Pulver verwenden. Nach einem ähnlichen Rezept werden Soja-Eier gemacht. Dazu müssen die Eier geschält und in einem mit dunkler Sojasauce gewürzten Sud 30 Minuten gekocht werden. Dazu gibt es eine würzige Sauce.

6 Eier, 2 EL schwarzer Tee, 1/4 Zimtstange, 1 Sternanis, 2 EL helle Sojasauce, Salz, Zucker

Die Eier hart kochen, mit kaltem Wasser abschrecken. Die Schalen durch Rollen auf einer harten Unterlage ringsherum anbrechen, aber nicht ablösen. 1 Liter Wasser mit Tee, Zimt, Anis, Sojasauce und je einer Prise Salz und Zucker zum Kochen bringen, die Eier hineingeben und bei schwacher Hitze etwa 30 Minuten ziehen lassen, bis die Schalen braun sind. Eier in der Flüssigkeit abkühlen lassen, schälen und halbiert oder geviertelt als Vorspeise reichen.

Tee-Eis

Im Kühlschrank können Sie diese Mixtur nur gefrieren lassen, wenn Sie über ein Gefrierfach verfügen – sehen Sie in der Betriebsanleitung nach. Sonst halten Sie sich besser an Gefrierschrank oder -truhe. Auch in diesen Fällen bekommen Sie nur dann ein eßbares Eis, wenn die Mixtur fetthaltig genug ist – in unserem Fall liefert die Sahne den nötigen Fettgehalt. Was diese Bedingungen nicht erfüllt, läßt sich nur in einer Eismaschine verarbeiten. Vielleicht werden Sie sich ein solches Gerät zu Weihnachten wünschen.

1/8 Liter Wasser, 4 TL schwarzer Tee, 1/2 Liter süße Sahne, Saft von 3 Orangen, 2 Eigelb, etwas Sahne zum Garnieren, Zucker

Wasser zum Kochen bringen, den Tee überbrühen, 3 Minuten ziehen lassen und abseihen, erkalten lassen. Den Tee-Extrakt mit der ungeschlagenen Sahne, dem Orangensaft und dem Eigelb im Mixgerät kräftig durcharbeiten. In eine Eisschale füllen und in der Gefriertruhe gefrieren lassen, zwischendurch ein paarmal durchrühren. Oder in der Eismaschine zu lockerem Gefrorenem verarbeiten. Das fertige Eis auf Gläser verteilen und mit etwas gezuckerter geschlagener Sahne garnieren.

Tee-Fizz

Was ist ein Fizz? „Bei uns ist er zweifellos der unbestrittene König der Longdrinks, ein Durstlöscher, der harmlos wie Limonade durch die Kehle sprudelt, dabei aber Verstand und Zunge schärft." So Peter Schmoeckel in seinem berühmten Mixbuch. Und weiter: „Fizz heißt zischen, sprudeln. Aber was bekommt man nicht unter seinem Namen alles vorgesetzt? Müde Gesellen, an deren Oberfläche nur hin und wieder mal ein mattes Bläschen zerplatzt, Bitterlinge und lauwarme Ungeheuerlichkeiten." Am besten schütteln Sie die Fizz-Zutaten auch in unserem Fall in einem Mixbecher (Shaker). Das Glas sollte gut vorgekühlt werden und zur Hälfte mit kleingeschlagenem Eis gefüllt sein. Verwenden Sie nur frisch gepreßten Zitronensaft, kein Fertigprodukt. Und servieren Sie den Fizz sofort, damit er nicht ausdruckslos und fad werde. Normalrezept für Gin Fizz: 2 Barlöffel Zukkersirup, Saft einer Zitrone, 1 Glas Gin, dazu Sodawasser.

1/4 Liter starker kalter Tee, 2 EL Zitronensaft, 2 Barlöffel Maraschino, 2 Barlöffel Zucker; Eiswürfel

Einen starken Tee zubereiten, erkalten lassen und mit den übrigen Zutaten gut vermischen. Eiswürfel in ein Becherglas geben und den Fizz darüberfüllen.

Tee „Helsinki“

Ein sommerliches Erfrischungsgetränk, bei dem der Teegeschmack voll erhalten bleibt und das zudem den Vorteil hat, alkoholfrei zu sein. Es eignet sich also auch für Kinder, soweit sie an Tee Geschmack finden. Ganz allgemein sind Kinderärzte der Meinung, daß nicht zu starker Tee für Kinder nicht schädlich ist. Er erhöht ihre Konzentrationsfähigkeit ebenso wie die der Erwachsenen. Allerdings mögen Kinder nicht jeden Tee. Viele bevorzugen aromatisierten Tee wie Erdbeer- oder Himbeertee. Ältere Kinder sollten lernen, ihren Tee selbst zuzubereiten. Leiten Sie sie dazu an!

1/2 Liter Wasser, 4–6 TL schwarzer Tee, 4 EL Zuckersirup aus 50–100 g Zucker, 1 Apfel, 1 unbehandelte Zitrone, 4 frische Pfefferminzblättchen

Wasser zum Kochen bringen und den Tee damit überbrühen, 4 Minuten ziehen lassen und abgießen, abkühlen lassen. Zucker in wenig kochendem Wasser lösen, dick zu Sirup einkochen, abkühlen lassen. In 4 Tassen oder Gläser je einige Eiswürfel geben, je 1 EL Zuckersirup darüberfüllen. Apfel schälen und in dünne Schnitze schneiden, diese über das Eis legen. Den kalten Tee darübergießen. Jedes Glas mit einer Zitronenscheibe abdecken und mit Pfefferminzblättchen garnieren.

Englischer Teekuchen

Er steht oft auch einfach als englischer Kuchen in den Kochbüchern. Zum Nachmittagstee oder zu einem Punsch paßt er ausgezeichnet, weil er würzig und saftig zugleich ausfällt. In der britischen Küche gibt es eine ganze Anzahl von Bäckereien, die speziell zum Tee auf den Tisch kommen. Der Teekuchen ist nur eine davon, wenn auch eine der interessantesten. In Frischhaltefolie eingeschlagen, hält er sich lange.

200 g Butter, 125 g Zucker, 1 Prise Salz, abgeriebene Schale einer ungespritzten Zitrone, 4 Eier, 300 g Mehl, 2 TL Backpulver, 1 EL Rum, 65 g Zitronat, 65 g Orangeat, 100 g kandierte Kirschen, 200 g Rosinen, 100 g gehackte Mandeln, Puderzucker zum Bestäuben

Butter schaumig schlagen. Zucker, Salz, Zitronenschale und Eier dazugeben und alles cremig rühren. Das mit Backpulver gemischte Mehl und den Rum unterarbeiten. Gehacktes Zitronat und Orangeat, grobgehackte Kirschen, die Rosinen und Mandeln unter den Teig heben. Den Teig in eine gefettete Kastenform (30 cm lang) füllen und glattstreichen. Im vorgeheizten Ofen bei 175°C 70–80 Minuten backen. Den Kuchen auf einem Gitter auskühlen lassen und mit Puderzucker bestäuben.

TEA
BRANCHES THROUGHOUT
HER MAJESTY'S KINGDOM

Teelikör

Den können Sie leicht selbst ansetzen – am besten mit japanischem Grüntee. Gewürze sind nicht vorgeschrieben, aber möglich. So heißt es in Hochners „Rezept-Buch der praktischen Liquer-Fabrikation", man möge für eine „Allerfeinste Thee-Essenz" zur Würzung Zitronenöl, Orangenblütenöl und Rosenöl oder Rosenblätter-Auszug verwenden und außerdem mit Jamaika-Rum und echtem Arrak aromatisieren. Sie können das halten, wie Sie wollen. Andere alte Rezepte empfehlen Zusätze von Vanille, Zimt, Ananas- und Rosinenauszügen. Wenn Sie Kornbranntwein verwenden, sparen Sie Arbeit. Eine andere Möglichkeit ist die Verwendung von 90prozentigem Weingeist, der durch einen Zusatz von abgekochtem Wasser auf Trinkstärke herabgesetzt werden muß.

100 g grüner japanischer Tee, 1/4 Liter Wasser, 3 Liter Kornbranntwein, Zuckersirup aus 2 Liter Wasser und 350 g Zucker

Den Tee mit kochendem Wasser überbrühen, 4–5 Minuten ziehen lassen. Mit den Blättern zum Kornbranntwein geben. Über Nacht ziehen lassen, dann durch ein Sieb oder einen Kaffeefilter gießen, mit dem Zuckersirup mischen und auf Flaschen füllen. Vor dem Verbrauch einige Tage ziehen lassen.

Teeparfait

Ein Parfait ist küchenfranzösisch etwas besonders Perfektes, Vollendetes. Meist handelt es sich dabei um eine feine Farce mit edlen Zutaten, gebunden mit Eigelb oder Gelatine. Berühmt sind Gänseleber- und Hummerparfait aus der salzigen Abteilung, Eis- und Zimtparfait aus der süßen, zu der auch unser Teeparfait gehört. Unser Rezept steift die Mixtur lediglich mit Schlagsahne. Fester und stürzbar wird das Parfait, wenn Sie die Eigelb-Tee-Mischung im Wasserbad erhitzen, bis eine dickliche Creme entstanden ist. Die Schlagsahne wird dann erst unter die etwas abgekühlte Creme gehoben, die nach dem Erstarren im Kühlschrank oder der Tiefkühltruhe auf Glasteller gestürzt werden kann. Sie können das Parfait auch in einer größeren Glasschüssel erstarren lassen.

1/8 Liter Wasser, 3 EL schwarzer Tee,
4 Eigelb, 125 g Zucker, 2 TL Zitronensaft,
8 EL Maracujasaft, 1/4 Liter süße Sahne

Wasser zum Kochen bringen und über den Tee gießen. 4–5 Minuten ziehen lassen, abseihen und kaltstellen. Eigelb mit Zucker schaumig schlagen. Kalten Tee und Säfte unterrühren. Sahne steifschlagen und unterheben. Die Creme in Schalen füllen und diese 40–50 Minuten im Tiefkühlfach kaltstellen.

Toddy

Ein grogähnliches Heißgetränk aus der britischen Tradition. Toddy wird meist mit Whisky gebraut, aber auch gegen einen Rum-Toddy wie den hier beschriebenen ist nichts einzuwenden – Hauptsache heiß. Wenn Sie es mit Whisky versuchen wollen, da gibt es das Rezept für *Old Mans Milk.* Für 4 Personen schlagen Sie 4 Eigelb mit 4 Eßlöffeln Zucker schaumig, bringen 1/2 Liter Milch zum Kochen und quirlen die Eiermischung hinein. Dazu mixen Sie eine ganze Flasche Scotch Whisky und streuen etwas Muskatpulver darüber. Was den Whisky betrifft – da passierte es vor einiger Zeit in Quebec, Kanada, daß ein neuer Übersetzungscomputer ausprobiert werden sollte. Aus dem Bibeltext „Der Geist ist willig, aber das Fleisch ist schwach" machte die Maschine: „Der Whisky wird empfohlen, aber das Fleisch ist nicht sehr gut."

Für eine Person:

1/8 Liter heißer schwarzer Tee, 2 Stückchen Würfelzucker, 1 Stückchen Zimtstange, 2 Gewürznelken, 1 Stückchen Zitronenschale, Jamaika-Rum

Tee zubereiten. Würfelzucker in ein vorgewärmtes Glas geben, zu 2/3 mit heißem Tee aufgießen. Zimt, Nelken und Zitronenschale hineingeben und mit Rum auffüllen. Sofort servieren.

9
14
11
8
16
Tea Plant.

Windbeutel mit Teecreme

Die Zubereitung dieser luftigen Gebilde aus Brandteig setzt schon etwas Erfahrung und Gefühl voraus. Gelingt die richtige Beschaffenheit des Teiges, dann verwandelt er sich im Backofen in große, lockere „Beutel“, die es nun zu füllen gilt.

Für den Teig:
1/4 Liter Wasser, 125 g Butter, 125 g Mehl, 3–4 Eier.
Für die Füllung:
1/2 Liter Milch, 200 g Zucker, 3 TL schwarzer Tee, 1 Päckchen Vanille-Puddingpulver, 4 Eigelb, 200 g Butter, 1 Prise Salz, Puderzucker

Für den Teig: Wasser mit Butter zum Kochen bringen, das Mehl auf einmal hineinschütten und rühren, bis ein glatter Teig entsteht. Etwa eine Minute unter Rühren erhitzen. Den heißen Kloß etwas abkühlen lassen, in eine Schüssel geben und nach und nach die Eier darunterrühren. So viele Eier dazugeben, bis der Teig stark glänzt und in langen Spitzen vom Rührlöffel reißt. Mit 2 Teelöffeln kleine Häufchen auf ein mit Backpapier ausgelegtes Backblech setzen, im vorgeheizten Ofen 20–30 Minuten bei 200–220°C backen. Windbeutel sofort aufschneiden.

Für die Füllung: 2/3 der Milch mit dem Zucker erhitzen, die Mischung über den Tee gießen, 4–5 Minuten ziehen lassen und absieben. Restliche Milch mit Puddingpulver und Eigelb glattrühren. Milch nochmals erhitzen, von der Brennstelle nehmen und die Puddingmischung hineinrühren. Kurz aufkochen lassen, dann kalt werden lassen. Butter und Salz schaumig rühren, portionsweise unter den Pudding rühren. Die Creme in die Windbeutel füllen, mit Puderzucker bestäuben.

Teelexikon
von A wie Afrika bis Z wie Ziegeltee

Afrika: Die meisten Teepflanzungen der afrikanischen Länder gehen auf Initiativen der britischen Kolonialmacht zurück. Produziert werden in erster Linie Massentees nach englischem Geschmack, die zu Teemischungen verarbeitet werden. Nur aus Kenia kommen auch Gartentees aus Hochlandplantagen. Weitere Teeländer sind Burundi, Kamerun, Malawi, Mozambique, Zimbabwe, Ruanda, Tansania und Uganda.

Afternoon: Traditionelle britische Teemischung für den frühen Nachmittag, bestehend aus Ceylon- und Assamtees des Grades Flowery Orange Pekoe. Afternoon-Tees sind leichter und heller als die kräftigen Frühstückstees.

Anamalai: Teegebiet in Südindien, im Bereich des Berg- und Tafellandes von Anamalai („Elefantenberge"), verwaltungstechnisch zu Madras gehörend. Hier wachsen kräftige, gerbsäurereiche Tees, die vorwiegend zu Mischungen verarbeitet werden. Die Ernte während der Monsunzeit, im Frühjahr und Sommer, bringt besonders kräftige Sorten, im Herbst und Winter werden vor allem aromatischere Tees geerntet.

Anhui: Die chinesische Provinz am Unterlauf des Chang Jiang (Yangtze Kiang), früher Anhwei geschrieben, schließt das Keemun-Teegebiet mit ein.

Argentinien: Junges Teeanbauland, das mit modernen Methoden Standardtee produziert. Er wird für Mischungen verwendet, die in den Export gehen.

Aromatisierter Tee: Mit frischen Blüten oder Essenzen aromatisierten Tee gab es in China schon vor mehr als zweitausend Jahren. Blüten, etwa von Jasmin, Rosen, Magnolien, Hibiskus oder Lychees, werden dem Tee schon bei der Herstellung zugefügt. Das Parfümieren mit Essenzen, ätherischen Ölen oder anderen Aromastoffen geschieht dagegen beim fertigen Tee. Verwendet werden unter anderem Bergamottöl (Earl-Grey-Tee), Vanille, Bitterorange, Zitrusfrüchte, Ingwer, Lavendel oder Minzearten. Aromatisiert wird sowohl grüner als auch schwarzer Tee.

Assam: Der nordindische, beiderseits des Brahmaputra gelegene Teedistrikt ist das größte zusammenhängende Teeanbaugebiet der Welt. Assamtee ist im allgemeinen kräftig und würzig, er wird gern mit leichteren Sorten aus jungen Teeländern gemischt. Eine große Rolle spielt Assamtee als Grundlage der traditionellen englischen und ostfriesischen Mischungen. Die ersten Teegärten wurden ab 1832 in Assam von britischen Pflanzern angelegt. Heute liefert Assam etwa die Hälfte der indischen Teeproduktion, 15 Prozent der Weltproduktion.

Assampflanzen: Teesträucher, die auf die in Assam beheimateten wildwachsenden Sträucher zurückgehen, botanisch *Camellia assamica.* Assampflanzen sind ertragreicher und anspruchsloser als die Chinapflanzen, aber von weniger feinem Aroma.

Auktionen: In den meisten Tee-Ursprungsländern finden in regelmäßigen Abständen Teeauktionen statt, so für Nordindien in Kalkutta, für Südindien in Cochin, für Ceylon/Sri Lanka in Colombo, für Indonesien in Djakarta, für Ostafrika in Nairobi. Europäische Auktionsplätze sind Amsterdam, Antwerpen und London.

Autumnal: Tees aus den Herbsternten in Assam und Darjeeling, geerntet zwischen Sommermonsun und Wintereinbruch. Herbsttees sind im allgemeinen gerbsäurearm und von feinem Aroma, vor allem bei einem sonnenreichen Herbst.

Bakey (gebacken): Bezeichnung für einen Tee, der bei zu hoher Temperatur getrocknet wurde. Unerwünschtes „angebackenes" Aroma.

Bancha: Japanischer grüner Tee für alle Tage, steht in Konkurrenz mit Billigtees aus Taiwan und China. Von den gleichen Teesträuchern, die im Sommer den Bancha liefern, wird im Frühjahr der Gyokuro, im Herbst der Sencha gewonnen.

Bangladesch: Von den Tees aus Bangladesch, die den Erzeugnissen des benachbarten Indien ähneln, werden nur geringe Mengen exportiert, und zwar größtenteils nach Pakistan. Bangladeschtee ist oft in englischen oder ostfriesischen Mischungen enthalten.

Bannockburn: Um 1860 angelegter Teegarten nördlich von Darjeeling. Produziert werden geringe Mengen eines wertvollen Blatt-Tees aus Chinapflanzen.

Basked-fired (korbgetrocknet): In Körben über dem Feuer gerösteter Japantee.

Bhutan: Aus dem östlich von Darjeeling gelegenen Himalaja-Königreich kommen nur kleine Teemengen von unterdurchschnittlicher Qualität. Der größte Teil der Ernte wird im eigenen Land verbraucht.

Blattgrade (siehe auch Blatt-Tee): Die Abkürzungen und ihre Bedeutungen sind auf der Seite 59 im Einleitungsteil ausführlich erläutert.

Blatt-Tee: Dazu gehören die größeren Sortierungen FTGFOP 1, TGFOP und GFOP (indische Skala) und FOP, OP, P, PS (alte britische Skala). Aufgegossene Blatt-Tees kann man etwas länger ziehen lassen als Broken-Tees.

Body (Körper): Kräftig aromatischer und gefärbter Tee („kräftige Tasse").

Bohea: Die frühere Allgemeinbezeichnung für allen schwarzen Tee aus China geht auf den Namen eines chinesischen Teedistriktes zurück. Bohea-Tee wurde bei der Boston Tea Party ins Wasser geworfen.

Bold (mutig, frech): Englische Fachbezeichnung für einen Tee mit zu grobem Blatt, das noch einmal die Schneidemaschine hätte durchlaufen müssen.

Brasilien: Seit über 100 Jahren wird in Brasilien Tee angebaut, vor allem von japanischen Pflanzern. Erzeugt werden hauptsächlich BOP-Mengentees und Fannings für den Inlandsmarkt und für internationale Großpacker.

Bread and Butter Teas (Brot- und Buttertees): In England Bezeichnung für Alltagstees ohne große Ansprüche. Meist handelt es sich um Regentees.

Breakfast (Frühstück): Traditionelle englische Teemischung für den Frühstückstee, besteht aus Ceylon BOP mit Beimengungen von Assam BOP oder Darjeeling BOP. Frühstücksmischungen ergeben immer einen besonders kräftigen Tee.

Bricktea (Ziegeltee): Chinesischer grüner Tee, aus kleinsten Sortierungsgraden (Fannings, Dust) zu harten ziegel- oder tafelförmigen Gebilden gepreßt, von geringer Qualität. Bricktea wurde aus Gründen des einfacheren Transports und zur besseren Auslastung der Kamele erfunden. Spielt heute keine Rolle mehr.

Bright (hell, glänzend): Kräftiger, leuchtend roter Teeaufguß.

Brisk (lebhaft, frisch): Erfrischender, lebendiger Tee (im Gegensatz zu flat = fade).

Broken (gebrochen): Tees, deren Blatt beim Rollen oder durch maschinelles Schneiden zerkleinert wurde. Ergiebiger als Blatt-Tees. Der größte Teil der Teeproduktion wird heute zu Broken-Graden verarbeitet.

Broken Orange Pekoe (BOP): Hauptsortierungsgrad der Broken-Teas.

Broken Orange Pekoe Fannings (BOPF): In Indien der drittkleinste Sortierungsgrad, vor allem für Beuteltees verwendet.

Brunch Tea: Aktuelle englische Teemischung für das Sonntagsfrühstück, genannt Brunch (aus Breakfast und Lunch). Großblättrige Mischung, vorwiegend aus Darjeeling und Assam.

Cachar: Nordindischer Teedistrikt, gelegen zwischen Bangladesch und der birmanischen Grenze. Die ersten Plantagen wurden schon vor 1860 angelegt. Erzeugt werden heute kräftige Teesorten mittlerer Qualität.

Caddy: In England Behälter für die Aufbewahrung von Tee, einst weit verbreitet, heute begehrtes Sammelobjekt. Caddys enthalten im allgemeinen je einen Metallbehälter für grünen und schwarzen Tee, dazu Löffel und Schale zum Mischen einer eigenen Zusammenstellung. Den Schlüssel zum Caddy trug die britische Hausfrau früher an ihrem Schlüsselbund, um das Dienstpersonal nicht in Versuchung zu führen, sich am kostbaren Tee zu vergreifen.

Camellia: Botanischer Name des Teestrauchs aus der Familie der Kamelien. Unterschieden werden *Camellia assamica* aus Assam und *Camellia sinensis* aus China. Aus beiden Sorten wurden die heute weit verbreiteten Tee-Hybriden gezüchtet.

Castleton: Kleinerer, aber namhafter Teegarten im Süden Darjeelings, vorwiegend mit Chinapflanzen bestückt. Second flushs aus Castleton gehören zu den absoluten Spitzentees.

Ceylon: Die Insel im Süden Indiens ist der nach Indien und China drittgrößte Teeproduzent der Welt. Sie heißt heute Sri Lanka, aber der neue Name ging nicht auf den Tee über, der immer noch Ceylontee genannt wird. Um 1800 wuchs auf Ceylon vor allem Kaffee. Eine Pilzkrankheit und die Ratten vernichteten um 1870 fast alle Kaffeeplantagen. Die Pflanzer verlegten sich nun auf den Anbau von Chinarindenbäumen, verdarben aber damit die Preise. Auch die berühmten ceylonesischen Zimtsträucher (Ceylonkaneel) konnten nicht für den Ausgleich sorgen, wohl aber der nun mit Nachdruck betriebene Anbau von Tee. Die meisten Ceylontees sind kräftig im Geschmack und in der Farbe. Die wichtigsten Anbaugebiete sind Uva (im Osten der Insel), Dimbula (im Westen) und Nuwara Eliya (im zentralen Hochland). Sie liegen in Höhen zwischen 300 und 2500 Meter.

Chabako: Kasten zur Aufbewahrung des Tees, wie er bei der japanischen Teezeremonie verwendet wird.

Chadô: „Teeweg" nach den Überlieferungen des japanischen Zen-Buddhismus.

Cha-hiki-usu: Handmühle zum Mahlen des Tees, früher in Japan allgemein zum Pulverisieren des grünen Tees verwendet.

Chaire: Lackierte, japanische Teebüchse aus Holz, Bambus oder Steingut. Alte Lackbüchsen haben heute hohen Sammelwert.

Chanoyu: Bezeichnung für die japanische Teezeremonie.

Chanoyu kaiseki: In Japan die Verbindung von Teezeremonie und gemeinsamem Essen, die Teegesellschaft.

Chasen: Der japanische Teequirl, aus Bambus in der Gestalt eines Rasierpinsels hergestellt. Wird verwendet, um den aufgebrühten grünen Tee schaumig zu schlagen. Den Chasen verwahrt man in einer Bambushülle, dem Chasenzutsu.

Chawan: Japanische Teeschale aus Keramik ohne Henkel. Mittelpunkt der Teezeremonie. Die traditionelle Schalenform schmiegt sich in die tragende Hand ein und fordert gleichzeitig die andere Hand zum Anlegen auf. Je nach dem Rang der Teezeremonie besteht die Teeschale aus mehr oder weniger wertvollem Material und ist schlicht gestaltet oder kunstvoll verziert.

Chest: Traditionelle Teekiste aus Sperrholz, mit Eckverstärkungen aus Winkeleisen, innen mit Metallfolie und Seidenpapier ausgelegt. Eine Kiste faßt 40 bis 50 Kilogramm Tee.

China: Heimat des Tees und der Teekultur. In China dürfte der Tee seit mehr als fünf Jahrtausenden bekannt sein, seit über drei Jahrtausenden ist er Kult- und Kulturgetränk. China ist der nach Indien zweitgrößte Teeproduzent, liegt aber im Export nach Indien und Ceylon auf Platz drei, was auf den hohen Eigenverbrauch zurückzuführen ist. In China wird grüner Tee bevorzugt, aber auch schwarzer Tee erzeugt, daneben der halbfermentierte Oolong. Chinatee ist für sein feines Aroma berühmt. Chinesen trinken den Tee im allgemeinen ohne Zucker und Milch und bevorzugen deshalb aromatische und aromatisierte Tees.

Chinapflanzen: Die aus China stammenden Stammpflanzen der Teekultur, botanisch *Camellia sinensis.*

China Caravan: Traditionelle chinesische Teemischung aus grünen Teesorten, so benannt, weil früher Karawanen den Tee von China nach Rußland und Tibet brachten. China Caravan ist mild, aromatisch und abgerundet.

China White Tips: Traditionelle chinesische Teemischung aus Blättern mit weißen Spitzen (Tips), besteht meist aus Lapsang oder Tarry Souchong mit Anteilen an grünen, ungeräucherten Tees. China White Tips besticht durch hellen Aufguß, aromatischen Duft und leicht rauchigen Geschmack.

Ching wo: Chinesischer Tee von geringerer Qualität aus Fuzhou (Foochow) in Südchina.

Chittagong: Teeanbaugebiet und Teehafen in Bangladesch.

Chop: Fachausdruck für die Tee-Ernte. Die erste Lieferung nach Beginn der Vegetationsperiode heißt *first chop.*

Chung Hao: Mit Jasminblüten aromatisierter chinesischer grüner Tee von hoher Qualität, auch „kaiserlicher Tee" genannt und nur selten und in kleinen Mengen exportiert.

Chun mee: Chinesische grüne Teesorte mit leicht bitterem Geschmack.

Cinnamon Tea: Schwarzer Tee mit dem Aroma von Zimt aus Madagaskar.

Cisaruni: Schwarzer Tee aus Java, berühmt für seine Fruchtigkeit und Spritzigkeit.

Clean (sauber): So wird ein Tee mit reinem, neutralem Aroma genannt, aber auch ein Tee mit sauberer Gradsortierung ohne Fannings oder Dust.

Cochin: Teehandels-, Teeauktions- und Teehafenstadt in Südindien. Die aromatischen Cochintees werden im allgemeinen zu Mischungen verarbeitet.

Congou: Chinesischer schwarzer Tee mit hellem, aber aromatischem Aufguß.

Country Greens: Chinesischer grüner Tee, dessen Aufguß grünlich-golden schimmert.

Creamy (sahnig): Bezeichnung für einen Tee, auf dessen Oberfläche sich beim Abkühlen ein milchartiges Häutchen bildet, entstanden durch eine Verbindung von Koffein mit Catechin. Kommt besonders bei guten Assamtees vor und gilt als Qualitätszeichen.

Crop (Ernte): Ertrag einer Teeplantage.

CTC-Tee: Moderne Teeherstellungsmethode mit hohem Mechanisierungsgrad. Die Teeblätter werden vor dem Rollen von dornenbesetzten Walzen zerrissen. Dabei werden die Pflanzenzellen stärker zerstört als beim herkömmlichen Verfahren, sie oxidieren kräftiger und sind ergiebiger. CTC-Tees gibt es nur in Broken-Sortierungen. Die Abkürzung bedeutet: Crushing (zerkleinern), Tearing (zerreißen), Curling (rollen).

Cutter (Schneidegerät): Teeschneidemaschine für die Verarbeitung der Teeblätter zu Broken-Graden.

Darjeeling: Nordindischer Teedistrikt in den Himalaja-Vorbergen. Höhenlage (1000 bis 2400 Meter) und Monsunklima bringen ausgeprägt blumige Teesorten hervor, die zu den besten Tees überhaupt gehören. Im Bereich von Darjeeling wird seit 1834 Tee angebaut. Zu den ersten Pflanzern gehörten deutsche Missionare. Die Stadt Darjeeling war während der britischen Kolonialzeit Erholungsort für Soldaten und Beamte. Darjeelingtee ist Bestandteil erprobter Mischungen, wird aber vielfach auch als Gartentee angeboten.

Deckelbecher: Traditionelle chinesische Teebecherform. Beim Trinken wird der Deckel so aufgelegt, daß die Blätter zurückgehalten werden und der Tee sich durch den Spalt schlürfen läßt.

Deshima: Portugiesischer, später niederländischer Handelsstützpunkt in Japan (Nagasaki).

Dickoya: Teedistrikt auf Ceylon in der Nachbarschaft von Dimbula – mit vergleichbarer Produktion.

Dimbula: Teedistrikt auf Ceylon, im Westen der Insel. Der Teegarten wurde vor 1870 angelegt. Dimbulatees, vor allem aus der Trockenperiode, sind aromatisch, herb und kräftig.

Dooars: Zwischen Darjeeling und Assam gelegener indischer Teedistrikt mit aromatischen Spitzentees, die meist mit Darjeeling oder Assam gemischt auf den Markt kommen.

Dull (stumpf): Ein Teeaufguß, der nicht klar und leuchtend ausgefallen ist. Der Fachausdruck bezeichnet auch den Geschmack.

Dust (D): Staub. Kleinste, besonders ergiebige und gerbsäurehaltige Aussiebung bei der Teesortierung, vor allem für Teebeutel interessant.

Earl Grey: Mit Bergamottöl aromatisierte schwarze Teemischung. Das aromatische Öl wird aus den Schalen der Bergamotte, einer sauren Zitrusfrucht, hergestellt. Der britische Außenminister Edward Grey, Earl of Fallodon, stieß anläßlich einer Orientreise auf das uralte chinesische Rezept und schenkte es einer Londoner Teehandelsfirma, die das Produkt aus Dankbarkeit nach dem Earl benannte. Heute haben alle größeren Teehäuser der Welt Earl Grey in ihrem Programm.

Early Morning Tea: Die erste Tasse Tee, mit der ein Engländer den Tag zu beginnen pflegt, unmittelbar nach dem Wecken getrunken. Die Gäste der Hotels auf den Britischen Inseln und in den englischen Einflußgebieten wurden früher beim Wecken mit einer Tasse Early Morning Tea erfreut. Heute ist das nur noch in Ausnahmefällen üblich.

Earthy (erdig): Tee mit erdigem Beigeschmack, auf feuchte Lagerung zurückzuführen.

Englische Mischung: Traditionelle Teemischung nach englischem Geschmack, ursprünglich zusammengesetzt aus Ceylon-, Indien- und Chinatees, heute meist aus preiswerten Sorten junger Teeländer wie Kenia, Tansania, Malawi und Mozambique. Die englische Standardmischung soll vor allem billig sein, schnell Extrakt und einen kräftigen Aufguß ergeben. Der Engländer trinkt seinen Tee im allgemeinen mit frischer Milch.

Enza: Runde, ziemlich dicke und weiche geflochtene Sitzkissen, die in Japan bei der Teezeremonie für Gäste gebraucht werden, die auf europäische Art sitzen wollen.

Estates: Bezeichnung für die Teegärten auf Ceylon.

Fannings (F): Die zweitkleinste Sortierung des nicht geschnittenen Tees nächst dem Dust. Fannings werden vor allem für Teebeutel verwendet. Sie ergeben einen kräftigen, schnell färbenden Aufguß.

Färbung: Die Farbe eines Teeaufgusses ist kein Qualitätszeichen und sagt auch nichts über den Gehalt an Inhaltsstoffen aus. Sie hängt erstens von der Größe der Blattbestandteile ab – Dust und Fannings färben also schneller als Blatt-Tees oder Broken-Tees mit größeren Blatt-Teilen. Zweitens wird die Farbe bestimmt vom Grad der Oxidation beim Fermentieren des Tees. Grüner Tee wurde früher in China für den Export künstlich nachgefärbt, etwa mit Berlinerblau und Gips. Das ist heute verboten.

Fermentation: Arbeitsgang bei der Teeherstellung, traditionell so genannt, obwohl es sich in Wirklichkeit um einen Oxidationsvorgang handelt. Fermentiert wird nur schwarzer Tee, halbfermentiert der chinesische Oolong. Grüner Tee wird keinem Fermentationsvorgang unterworfen.

Fibrous (faserig): Hoher Anteil von Holzfasern im Tee, besonders bei Fannings und Dust.

Fine Tippy Golden Flowery Orange Pekoe 1 (FTGFOP 1): In Indien üblicher höchster Sortierungsgrad mit hohem Anteil feinster Knospen (Tips, Spitzen).

Firing (feuern): Englische Fachbezeichnung für das Trocknen der Teeblätter nach der Fermentation.

First flush: In Nordindien die erste Ernte nach dem Frühjahrsmonsunregen. Gepflückt werden nur die zarten hellgrünen Blattspitzen, die einen besonders blumigen und spritzigen Tee ergeben. Tees aus der ersten Pflükkung des Erntejahres sind besonders begehrt und werden oft per Luftfracht nach Europa transportiert.

Five o'clock tea: Im Teeland Großbritannien die Teepause am späten Nachmittag. Bevorzugt werden leichte, aromatische Tees.

Flavour: Fachbezeichnung für das angenehme Aroma, den Duft eines guten Tees, vor allem bei Hochlandtees gebraucht.

Flakey (flach): Unsorgfältig hergestellter Tee mit flachen, schlecht gewelkten und gerollten Blättern.

Flowery (blumig, blühend): Bezeichnung für hochwertigen Tee, bei dem die jüngsten Blätter der geernteten Triebe gerade begonnen haben, sich zu entfalten.

Flowery Broken Orange Pekoe (FBOP): In Indien übliche Bezeichnung für eine feine Broken-Tee-Sortierung.

Flowery Orange Pekoe (FOP): Die alte britische Bezeichnung für groben Blattgrad einer Produktion, ergibt einen dünnen, hellen Teeaufguß.

Fluff (Staub, Flaum): Dicker haariger Staub auf den schwarzen Teeblättern, der sich beim Sieben oder Mischen unangenehm bemerkbar macht.

Flush (blühend, frisch): Der junge Trieb eines Teestrauches mit Blattknospe und den beiden jüngsten Blättern *(two leaves and a bud)*, der bei der Ernte gepflückt wird. First flush = Tee der ersten Ernte nach der Vegetationspause, Second flush = zweite Ernte des Jahres.

Fujian: Südchinesische Provinz, früher Fukien geschrieben, traditioneller Teeanbaudistrikt mit Bergtees von besonderem Flavour und speziellem Geschmack. An der Küste der uralte Teeausfuhrhafen Fuzhou (Foochow).

Furo: Kohlenbecken, auf dem bei der japanischen Teezeremonie das Teewasser erhitzt wird. Die glühenden Holzkohlen liegen auf Asche in einem Gefäß aus Keramik, Eisen oder Bronze. Das Furo wird nur im Sommer verwendet. Im Winter tritt ein Ro an seine Stelle.

Fuzhou (Foochow): Alter Tee Verladehafen in der südchinesischen Provinz Fujian (Fukien). Von hier starteten schon die berühmten Teeklipper nach dem Opiumkrieg.

Gartentees: Teesorten, die aus einem bestimmten Teegarten stammen und mit Herkunftsangabe verkauft werden.

Gerbsäure: Wichtiger Teebestandteil. In Knospen und Blattspitzen in geringerer Konzentration vorkommend als in den folgenden Blättern des Teestrauchs. Bei der Fermentation wird ein großer Teil der Gerbsäure oxidiert. Grüne, nicht fermentierte Tees enthalten deshalb mehr Gerbsäure als schwarze. Der Gerbsäuregehalt des Tees wirkt beruhigend auf die Magen- und Darmschleimhäute.

Gielle: Namhafter Teegarten im Osten Darjeelings mit hochwertigen Blatt-Tees, vorwiegend aus Chinapflanzen.

Ginger Tea: Schwarzer Tee mit Ingweraroma. Gute Tees werden mit Stücken von getrockneten Ingwer-Wurzelknollen aromatisiert.

Golden: Bedeutet in einem Teenamen, daß der Tee helle Spitzen enthält, die wenig Gerbsäure enthalten.

Golden Broken Orange Pekoe (GBOP): Indische Bezeichnung für eine hochwertige Sortierung von Broken-Tee.

Golden Flowery Orange Pekoe (GFOP): Indische Bezeichnung für Blatt-Tee der dritten Sortierungsstufe.

Gon Jim (Silbernadel): Aus der Provinz Guangdong (Kwangtung) stammende chinesische Grünteesorte, wird zu den Mahlzeiten serviert, um zwischen den einzelnen Gängen den Gaumen zu erfrischen. Auch Ngun Jum genannt.

Grof: Niederländische Bezeichnung für „groben" Tee, beispielsweise Broken Orange Pekoe. In Indonesien als Überbleibsel aus der Kolonialzeit übliche Bezeichnung.

Grüner Tee: Unfermentierter Tee, früher allgemein verbreitet, heute in China, Japan und Taiwan die verbreitetste Sorte. Die geernteten Blätter werden für kurze Zeit hoher Temperatur ausgesetzt, wodurch die Enzyme zerstört werden; die natürliche grüne Blattfarbe bleibt erhalten. Grüntee ist herber als schwarzer Tee, er kann sein volles Aroma nur entfalten, wenn er mit weichem Wasser aufgegossen wird. Man verwendet in der Regel zwischen ca. 60 und 85° C heißes Wasser, zum Beispiel kurz aufgekocht und dann wieder auf die gewünschte Temperatur abgekühlt.

Guangxi (Kwangsi): Südchinesische Provinz, bekanntes Teeanbaugebiet am Golf von Tonkin.

Gunpowder (Schießpulver): Chinesischer grüner Tee, dessen Blatt-Teile kugelförmig gerollt sind. Britische Händler gaben ihm seinen Namen. Gunpowder-Tee ist milde und von blasser Farbe.

Gyokuro: Wertvolle japanische Grünteesorte aus dem Bezirk Shizuoka an den Hängen des Fudschijama. Gyokuro-Tees der ersten Pflückung eines Erntejahres ergeben für besondere Anlässe reservierte Spitzentees.

Hakobidate: So heißt die japanische Teezeremonie in ihrer einfachsten Form. Die Geräte werden dabei nicht vor den Gästen auf Tischchen oder Regalen aufgebaut, sondern für den Gebrauch hereingetragen und anschließend wieder abserviert.

Harsh (herb, streng): Unerwünschter rauher Teegeschmack, hervorgerufen durch die Verwendung von zu groß gepflückten, unreifen Teeblättern.

Hassun: Kleines rechteckiges Tablett aus Zedern- oder Kiriholz, wie es bei der japanischen Teezeremonie verwendet wird.

Heavy (schwer, dick): Massiger, wenig frischer, starkfarbiger Teeaufguß, verursacht durch überfermentierten Tee.

Herrentee: Traditionelle Teemischung aus Ceylon- und Assamtees, ergibt einen kräftigen und dunklen Aufguß.

Hibachi: Feuerbecken für die japanische Teezeremonie, betrieben mit Holzkohlen zur Erhitzung des Teewassers. Bei uns als Mini-Grillgerät im Handel.

Highgrown: In Höhenlagen über 1300 Meter gewachsener Ceylontee.

High Range: Südindisches Teeanbaugebiet. Produziert werden überdurchschnittliche Schwarztees.

High Tea: Die abendliche große Teemahlzeit in Großbritannien, zumeist Höhepunkt des englischen Familienlebens. Zum Tee gibt es einen Imbiß oder eine Mahlzeit.

Hishaku: In Japan Schöpflöffel aus Bambus, mit dem bei der Teezeremonie das heiße Wasser aus dem Kessel in die Teeschalen gegossen wird. Es gibt auch Schöpfkellen aus Zedern- oder Zypressenholz.

Hochland: Sammelbegriff für die hochgelegenen Teedistrikte Ceylons/Sri Lankas, die hochwertigen aromatischen Tee liefern (Dickoya, Dimbula, Nuwara Eliya und Uva).

Hoochows: Chinesischer Schwarztee mit hellem, dünnem Aufguß, wird für einfache Konsummischungen verwendet.

Hung Pien (Chrysantheme): Chinesischer Schwarztee aus der Provinz Zhejiang (Chekiang), bestehend aus Drachenbrunnentee mit getrockneten Chrysanthemenblättern. Wird zu chinesischem Gebäck getrunken, oft mit Kandiszucker gesüßt.

Hybriden: Aus Assam- und Chinapflanzen gekreuzte Teesträucher, Grundlage der meisten Teekulturen der Welt. Hybriden liefern Spitzenerträge guter Qualität, sie sind überdies unempfindlich gegen Schädlinge und Krankheiten.

Hyson: Chinesische Grünteesorte vom Berg Singlo bei Kingnan. Hier soll nach chinesischer Überlieferung der erste Tee geerntet worden sein. Der Name ist abgeleitet von den Schriftzeichen „Hee" und „Chun", die ein Teehändler als Markenzeichen verwendete. Als Hyson wurden lange Zeit auch Grüntees anderer Herkunft bezeichnet.

Ihsing-Ton: Nach der gleichnamigen chinesischen Stadt benannte feuerfeste Keramik. Teedosen und -geschirr sind seit Jahrhunderten bekannt und werden auch heute noch verkauft, teils ohne Glasur, teils mit farbiger Glasur.

Illam: Nepalesische Teesorte mit zartblumigem Charakter.

Imperial: Grobgeformter chinesischer Grüntee, der bei der Gunpowder-Produktion abfällt.

Imperial Or: Moderne chinesische Teemischung aus leicht geräuchertem Schwarztee mit geringem Zusatz von Jasmintee.

Indien: Der größte Teeproduzent der Welt liefert heute vor allem schwarzen Tee sowie in kleineren Mengen Grüntee. Wichtigste Teedistrikte im Norden des Landes sind Assam, Cachar, Darjeeling, Dooars und Terai, im Süden Indiens Nilgiri, Anamalai und Cochin. Der indische Gesamtexport liegt bei jährlich rund 200000 Tonnen.

Indonesien: Teedistrikte finden sich vor allem auf den Inseln Java und Sumatra, deren herb-kräftige Ernten mit Vorliebe zu Mischungen verarbeitet werden. Geerntet wird ganzjährig. Wichtigste Abnehmerländer sind die USA, Pakistan und Ägypten.

Iran: Der Teeanbau in Iran, vor allem im Norden des Landes, ist so unbedeutend, daß er nicht einmal den Eigenbedarf decken kann – es müssen noch große Mengen Tee importiert werden. Im internationalen Handel ist Irantee nur selten anzutreffen.

Japan: Buddhistische Mönche brachten die Teekultur zwischen dem 6. und 8. Jahrhundert nach Japan. Die produzierten Mengen an Grün- und Schwarztee werden größtenteils im eigenen Land verbraucht, das zusätzlich auf Importe angewiesen ist. Die einst religiös geprägte Teezeremonie ist heute eher ein gesellschaftliches Ereignis.

Jasmintee: Mit Jasminblüten aromatisierter grüner oder Oolongtee aus dem Fuzhoudistrikt in der Provinz Fujian. In China, wo der Tee ohne Milch und Zucker getrunken wird, weit verbreitet.

Jungpana: Teegarten im Distrikt von Darjeeling in Indien, Produzent von Tee mit leichtem Muskataroma.

Kakemono: Hängebild mit Pinselzeichnung oder Schriftzeichen, wird bei der japanischen Teezeremonie in einer Nische des Teezimmers aufgehängt. Bevorzugt werden glückverheißende Darstellungen, die dem Geist der Teezeremonie entsprechen.

Kalkutta: Ausgangsort der indischen Plantagenwirtschaft und ein Zentrum des internationalen Teehandels.

Kaltwettertee: In den Wintermonaten geernteter Tee aus Südindien, Assam und Ceylon. Bei trockenem, kühlem Wetter langsam gewachsen und deshalb besonders aromatisch. Der geringen Erntemengen wegen auch überdurchschnittlich teuer.

Kama: Teekessel aus Gußeisen oder Bronze, wie er bei der japanischen Teezeremonie verwendet wird, um das Teewasser zu erhitzen. Japanische Fachbücher nennen über fünfzig voneinander abweichende Kama-Formen. Der geflochtene Untersatz, auf den der Teekessel gestellt wird, heißt Kamashiki.

Kanton (heute: Guangzhou): Die südchinesische Hafenstadt ist seit Jahrhunderten das wichtigste chinesische Tee-Zentrum. Auf der Kanton-Messe wird der größte Teil des chinesischen Tee-Exports abgewickelt.

Karawanentee: Chinesischer Tee, der mit Tragtier-Karawanen nach Rußland transportiert wurde, bis die Eröffnung des Suez-Kanals (1869) den Seeweg nach Asien abkürzte. Der auf dem Landweg beförderte Tee war hochwertiger als der in den feuchten Laderäumen der Segelschiffe transportierte Tee – und entsprechend teurer. Über Rußland kam der Karawanentee auch in viele andere europäische Länder.

Kardamom-Tee: Mit Kardamom aromatisierter Tee ist vor allem in Nordindien weit verbreitet.

Karibik: Mit Maracuja- und Mandelauszügen aromatisierter Tee.

Kayu Aro: Größte Teeplantage der Welt auf der indonesischen Insel Sumatra. Auf 2250 Hektar Fläche werden jährlich 4500 Tonnen Tee produziert.

Keemun: Berühmter chinesischer Teedistrikt, dessen Tees wegen ihres Aromas, ihrer Weichheit und Zartheit besonders geschätzt werden. In England gilt Keemun als idealer Frühstückstee. Auch der chinesische Kaiserhof bevorzugte feine Keemun-Sorten. Für Teetrinker mit empfindlichem Magen ist Keemun wegen seines schwachen Gerbsäure- und Koffeingehaltes besonders geeignet.

Kenia: Das führende Land unter den jungen afrikanischen Teeländern produziert kräftige Massentees für Mischungen, aber auch aromatische Gartentees. Die meisten Plantagen liegen im Umkreis der Stadt Kericho in idealer Höhenlage. In Kericho gibt es ein eigenes Tea Hotel als Ausgangspunkt für Plantagenbesichtigungen. Ausfuhrhafen für den Tee aus Kenia ist Kilindini, der neu errichtete Hafen von Mombasa, größter an der ostafrikanischen Küste.

Kintuk: Schwarzteesorte aus China und Taiwan.

Kueihua: Halbfermentierter Chinatee (Oolong), aromatisiert mit den Blüten von Chinazimt (Kassia).

Lapsong Souchong (Su tang): Großblättriger schwarzer Chinatee aus Hunan und Fujian. Herzhaft und voll, mit kräftigem Rauchgeschmack.

Lavendeltee: In Frankreich verbreiteter Schwarztee, mit getrockneten Lavendelblüten oder Lavendelöl aromatisiert.

Lay Jee (Lychee): Mit gelben Lycheeblüten aromatisierter Schwarztee oder Oolong, vorwiegend aus Taiwan. Vor allem bei den Kantonesen beliebt, nach deren Meinung dieser Tee alte Freundschaften zu erneuern vermag.

Light (leicht): Nur schwach gefärbter Tee, der jedoch aromatisch duften und frisch schmecken kann.

Lingia: Indischer Teegarten im Westen Darjeelings, an der Grenze zu Nepal, mit wertvoller Produktion in geringer Menge.

Lok-on-Tea: Chinesischer Schwarztee aus der Provinz Yunnan, der gepreßt in Bambuskörbchen angeboten wird. Ihm werden verdauungsfördernde und schlankmachende Wirkungen nachgesagt.

Lotos-Tee: Chinesischer Schwarztee, mit Lotosblüten aromatisiert.

Low grown: Ceylontee aus tiefer (bis ca. 650 m) gelegenen Teegärten, leichter und weniger aromatisch als Hochlandtee.

Lu An (Klare Entfernung): Kräftiger chinesischer Schwarztee aus der Provinz Guangdong. Wird mit Vorliebe zu den Mahlzeiten und spät in der Nacht serviert.

Lung Chin (Drachenbrunnen): Chinesischer Grüntee aus der Provinz Hangzhou (Hangchow), gilt als der feinste grüne Tee. Leichte, frische Farbe, zart duftend, von milder, sanfter Art. Wird tagsüber und nachts angeboten.

Lung So (Drachenbart): Grüner Tee aus der chinesischen Provinz Guangdong, von heller Farbe und delikatem Aroma. Ein Nachmittagstee für gesellige Anlässe.

Lu Shan Wu: Traditioneller chinesischer Grüntee aus den Bergregionen um Nanning in der Provinz Guangxi (Kwangsi). Die besten Sorten wachsen im Bereich der oft wolkenverhangenen Bergspitzen.

Makaibari: Indischer Teegarten im Süden Darjeelings, vor allem mit Hybriden bepflanzt.

Malabar: Namhafter Teegarten auf der indonesischen Insel Java.

Malawi: Das junge afrikanische Teeland produziert vorwiegend Massentees im Stil des Ceylontees. Die ersten Plantagen wurden um die Jahrhundertwende angelegt.

Malaysia: Von Chinesen angelegte Kleinplantagen liefern leichte und billige Massenware, die sich für Mischungen eignet. Geerntet wird das ganze Jahr über. Der größte Teil der Produktion wird im eigenen Land verbraucht.

Malty (malzig): Eine von Teekennern geschätzte Eigenschaft.

Maracuja-Tee: Mit der lieblichen Passionsfrucht aromatisierter Schwarztee.

Matcha: Japanischer pulverisierter Grüntee, der auch bei der Teezeremonie verwendet wird.

Mate (botanisch: *Ilex paraguayensis*, auch Paraguaytee oder Jesuitentee): Ein Kräutertee mit vielfältigen Wirkungen wie Appetitzügelung, Nervenberuhigung und Schlafförderung. Wird aus den getrockneten Blättern einer südamerikanischen Stechpalmenart hergestellt, ist in Südamerika ein sehr beliebtes und verbreitetes Getränk, besitzt – frisch zubereitet – ein köstliches, leicht rauchiges Aroma.

Midgrown: In mittleren Höhenlagen (650–1300 m) gewachsener Ceylontee.

Mischungen: Tee aus dem gleichen Anbaugebiet schmeckt je nach dem Wetter jedes Jahr anders. Da viele Verbraucher an einem bestimmten Geschmack festhalten wollen, gleicht der Teehandel die Unterschiede durch Mischungen gleichbleibender Qualität aus. Sache des *tea tasters* ist es, durch eine Teeprüfung festzustellen, welche Mischungsbestandteile zusammenpassen. Bekannte Mischungen sind die Englische, die Russische und die Ostfriesische Mischung. Zusammenstellungen können auch auf örtliche Verhältnisse, etwa die Wasserhärte, abgestimmt sein.

Montmartre: In Frankreich beliebter Schwarztee, mit „grünem" Apfelaroma und einem Hauch Anis aromatisiert.

Mook Lay Far: Vorwiegend aus Taiwan stammender schwarzer Tee oder Oolong, mit getrockneten oder frischen Jasminblütenblättern aromatisiert. Der blaßgelbe, duftende Tee wird am Nachmittag oder zwischen den Mahlzeiten getrunken, er paßt auch zu schweren Speisen.

Mudis: Teeanbaugebiet rings um die gleichnamige Stadt im südindischen Teedistrikt Anamalai. Die Mudi-Plantagen liefern kräftige Tees gehobener Qualität.

Musty (muffig, modrig): Im Herstellungsland zu feucht abgepackter Tee, der unangenehm dumpfig riecht und schmeckt.

Nepal: Mit Regierungshilfe entstanden an den Hängen des Himalaja in der Nachbarschaft zu Darjeeling Teeplantagen, die mildaromatische Schwarztees liefern. Der größte Teil der Ernte wird im Lande verbraucht.

Neuguinea: Das junge Teeland produziert interessante Hochlandtees als Broken-Tees mit kräftigem Aufguß.

Neutral: Teeaufguß ohne hervorstechenden Charakter.

Night Shadow (Nachtschatten): Japanischer Grüntee aus der Region Shizuoka unweit des Fudschijama.

Nilgiri: Prominenter südindischer Teedistrikt mit Teegärten bis in 2000 Meter Höhe, in denen ganzjährig gepflückt werden kann. Nilgiri hat ein feines, aber intensives Aroma. Hochgeschätzt ist der Kaltwettertee aus diesem Gebiet.

Nonsuch: Namhafter Teegarten in den Nilgiri-Bergen Südindiens, nördlich von Cochin. Produziert werden Tees mit zartem Aufguß, aber deutlichem Aroma.

Nutty (nussig): Nußartiges Aroma haben vor allem Second-flush-Tees aus der Trockenperiode Ceylons, Nilgiris und Javas aufzuweisen.

Nuwara Eliya (Nurelia): Teedistrikt im Westen des ceylonesischen Zentralmassivs, bekannt für erlesene Spitzenqualitäten („Champagnersorten"). Der Name des Distrikts bedeutet „über den Wolken".

Off grades: Englische Fachbezeichnung für Blattgrade, die außerhalb der standardisierten Sortierung liegen.

Oolong (Schwarzer Drache): Halbfermentierter duftiger Tee, meist aus Taiwan oder China (Fuzhou, Amoy, Guangdong). Gebräuchlicher Familientee, wird meist am Abend gereicht, auch zu schwerem Essen. Die besten Oolong-Sorten ergeben ein reines, strohfarbenes Getränk, die einfacheren ein braunes oder rotes. Oolong wird vor allem in die USA und den Nahen Osten exportiert.

Orange: Die Blattgradbezeichnung hat nichts mit Apfelsinen zu tun, sondern ist vermutlich vom niederländischen Königshaus der Oranier abgeleitet, bedeutet also „königlicher Tee".

Orange blossom (Orangenblüte): Mit Orangenblüten und -öl aromatisierter milder Chinatee.

Orange Pekoe (OP): Zweiter Sortierungsgrad nach britischer Skala, Tee aus den feinsten Teilen des jungen Triebes, aus Blattspitzen und dünnen gedrehten Blättern. Bei Hochlandgewächsen sehr aromatisch. Orange Pekoe enthält relativ wenig Gerbsäure.

Orchid Tea (Orchideentee): Schwarztee, der mit Orchideenblüten der Art *Aglaia odorata* aromatisiert wurde. Der herbwürzige Tee wird auch Spiced Tea genannt.

Ostfriesenmischung: Die Friesen machen nur 4 Prozent der bundesdeutschen Bevölkerung aus, verbrauchen aber rund 25 Prozent der deutschen Teeimporte. Ostfriesenmischung besteht hauptsächlich aus Assamtee mit Zusätzen von Tees aus jungen afrikanischen Teeländern. Die friesische Liebe zum Tee ist historisch bedingt. Sie lernten die Teekultur von den benachbarten Niederländern kennen. Ostfriesentee wird kräftig aufgebrüht und mit Kandiszucker und frischer Sahne getrunken. Drei Tassen müssen es jedesmal sein, das ist „Ostfriesenrecht".

Panfired: Englische Bezeichnung für die frühere Technik, den fermentierten Tee in der Pfanne über dem Feuer zu rösten.

Panyong: Chinesischer Tee minderer Qualität, meist mit Lavendelblüten aromatisiert (Panyong Lavandul).

Peach Tea: Schwarzer Tee und Oolong, aromatisiert mit Blüten und Fruchtstückchen von Pfirsichen.

Pekko: Die jüngsten Triebe einer Teepflanze mit weißschimmerndem Flaum. Die Bezeichnung ist abgeleitet von Pakko = weiße Daunen – auch der fertige Tee, der nicht fermentiert zu werden pflegt, hat eine weiße bis silbergraue Färbung.

Pekoe: Britischer Sortierungsgrad aus etwas kürzeren und gröberen Blättern als Orange Pekoe. Gepflückt wird die Triebspitze mit drei (statt sonst zwei) Blättern. Das Ergebnis sind schlichte Tees mit kräftigem Aufguß.

Pekoe Fannings (PF): Zweitkleinster Sortierungsgrad nach Dust, ebenfalls meist für Teebeutel verwendet.

Pekoe Souchong (PS): Gröbste Blattsortierung, für die auch noch das vierte bis sechste Blatt verwendet wird. Ergibt einen dünnen Aufguß mit hohem Gerbsäuregehalt.

Peru: Teeland mit geringer Produktionsmenge, die vor allem im Gebiet von Cuzco, im Quallabambatal, wächst. Es wird ganzjährig geerntet. In den trockenen Sommermonaten sinken die Erträge. Hauptsorte ist Broken Orange Pekoe.

Pflückmaschine: Hochwertiger Tee kann nur aus Teeblättern entstehen, die mit der Hand geerntet wurden. Versuche mit Pflückmaschinen haben sich nicht bewährt. Maschinen dieser Art werden vor allem in der Sowjetunion und in Japan eingesetzt, um Arbeitskräfte zu sparen. Die Pflückmaschine „Sakartwelo" fährt über die Reihe von Teebüschen hinweg und nimmt alle über ein bestimmtes Profil hinausragenden Triebe und Blätter mit.

Pflückung: Für eine gute Standardqualität pflückt man *two leaves and the bud* (zwei Blätter und die Knospe). Bessere Tees enthalten meist nur ein Blatt und die Knospe – oder überhaupt nur die Knospe. Mehr als zwei Blatt und Spitze wird als Coarse plucking (grobe Pflückung) bezeichnet, weniger als Fine plucking (feine Pflückung).

Pi Lo Chun: Feiner chinesischer grüner Blatt-Tee aus der Provinz Guangxi, schon während der Sung-Dynastie als Geschenk an den Kaiser erwähnt. Den Namen führte Kaiser K'ang-hsi ein, er nennt die drei Eigenschaften des kostbaren Tees: die silbrig grüne Farbe der jungen Triebspitzen, die Spiralform des Blattes und das Frühjahr als Erntezeit.

Pineapple Tea: Mit Ananas aromatisierter Tee.

Pingsuey: Kräftiger chinesischer Schwarztee aus dem Hauptanbaugebiet am Chang Jiang (Yangtze Kiang). Kräftiger, nicht zu bitterer Aufguß.

Plain (einfach, schlicht): Aufguß ohne Frische und Aroma, kann aber Farbe und Kraft haben. Wahrscheinlich bekam die Pflanze in der Wachstumsperiode zuviel Regen ab. Plain-Tee wird für Konsummischungen verwendet.

Point (Spitze, Vorzug): Ceylontee von angenehmer Herbheit und Frische.

Pu erh beeng cha: Chinesischer Schwarztee, als Verdauungsförderer und Schlankmacher bekannt. Stammt aus dem Süden der Provinz Yunnan, wo schon seit 1700 Jahren Tee wächst.

Rawness (Rauhigkeit): Tee mit ausgeprägt bitterem Geschmack.

Regentee: Während der Monsunregen in Nordindien geernteter Tee, wegen des schnellen Wachstums oft etwas dünner und aromaschwacher Aufguß.

Red (rot): Gemeint ist Tee mit rotem Blatt, ein Zeichen für grobes Pflücken, für eine Verarbeitung ohne Welkprozeß oder nach dem CTC-Verfahren.

Rich (reich): Ausgeglichene, hohe Teequalität mit allen Vorzügen der Farbe und des Aromas.

Risheehat: Teegarten der ersten Kategorie östlich von Darjeeling, produziert erstklassige Blatt-Tees. Die Anpflanzung geht auf die Familie des deutschen Missionars Stölke zurück, die sich um den Teeanbau um Darjeeling verdient gemacht hat.

Ro: Bei der japanischen Teezeremonie eine in den Boden eingelassene quadratische Feuerstelle aus Ton mit einer hölzernen Einfassung aus Maulbeer- oder Zedernholz, oft lackiert.

Rose Congou: Mit Rosenblütenblättern und Rosenöl aromatisierter chinesischer Schwarztee.

Round (rund): Überdurchschnittlicher Tee mit tiefem und rundem Aufguß, eine Klasse unter rich.

Russischer Tee: Aromareiche kräftige Mischung aus ost- und südasiatischen Teesorten. Als russischen Tee bezeichnete man früher den aus China herantransportierten Karawanentee; der Begriff bezeichnete hohe Qualität.

Samowar: In Rußland, der Türkei und im Iran übliches Heißwassergerät für die Teebereitung. Beheizt wird ein traditioneller Samowar mit Holzkohle. Auf dem Abzugsschacht steht eine Metallkanne mit kräftigem Tee-Extrakt. Jeder füllt sich davon etwas in seine Tasse und läßt heißes Wasser aus dem Samowar dazulaufen.

Scented Poochong: Schwach fermentierter Chinatee, mit getrockneten Jasminblüten aromatisiert.

Schattentee: In Japan erzeugte Teesorte mit besonders feinem Aroma, entsteht dadurch, daß die Teesträucher unter einem ihnen sehr zuträglichen Sonnenschutz aus Bambus heranwachsen.

Schwarzer Tee: Fermentierter Tee, dessen Blätter während der Fermentation rot und durch die Trocknung schwarz werden. In den meisten Ländern der Welt bevorzugt.

Sechung Oolong: Chinesischer halbfermentierter Tee aus dem Distrikt Amoy, bekannt für sein natürliches pfirsichartiges Aroma.

Seeyok: Teegarten im Osten Darjeelings, an der Grenze zu Nepal. Liefert hochwertige Second-flush-Tees.

Seladon: In China, Japan und Korea übliche traditionelle Porzellanglasur, erstmals um 1000 verwendet. Die jadeähnlich grüne Glasur wird in China als Quing bezeichnet.

Self drinking tea: Bezeichnung für einen reinen Gartentee, ohne Zusatz von Tees anderer Herkunft.

Sencha: Grüne japanische Teesorte, als Herbsttee geerntet. Mit leicht bitterem Aroma. Sencha wächst im Bezirk Shizuoka (siehe unten).

Shizuoka: Japanischer Schwarztee aus dem gleichnamigen Bezirk am Fudschijama, mit eigener Geschmacksnote.

Sichuan (Szechuan): Chinesische Provinz und Teedistrikt, liefert vor allem blumige, gerbsäurearme Schwarztees.

Sikkim: Indischer Bundesstaat im östlichen Himalaja, liefert mit Darjeeling verwandte Tees in so geringen Mengen, daß Sikkimtee nur selten exportiert werden kann.

Silhead: Nordindisches Teeanbaugebiet.

Smokey (rauchig): Unangenehm nach Rauch schmekkender Teeaufguß. Auf Trocknungsfehler nach der Fermentation zurückzuführen.

Sortierung: Die getrockneten Teeblätter werden über Rüttelsiebe nach der Größe sortiert. Die dabei üblichen Bezeichnungen sind weniger Qualitäts-, sondern eher Größenhinweise (siehe auch unter Blattgrade und S. 59).

Souchong: Großblättriger Chinatee mit rauchigem Geschmack. Um ihn zu erzielen, wird der Tee über einem Feuer aus harzreichem Holz getrocknet.

Sowjetunion: Seit 1884 wird in den südlichen Republiken der UdSSR, zwischen Schwarzem und Kaspischem Meer, an den Hängen des Kaukasus, Tee angebaut. Seitdem spielt der Karawanentee, der von China aus über Land nach Europa transportiert wurde, keine Rolle mehr.

Sow Mee (Augenbrauen der Langlebigkeit, auch Sho May oder Soo May): Chinesischer Grüntee aus der Provinz Guangdong (um Kanton). Wurde einst vor allem im Frühling im Freien serviert. Der Name spielt an auf die Sage von dem buddhistischen Heiligen Bodhidarma, der, erbost über seine Schläfrigkeit, seine Augenbrauen oder -lider abschnitt und zu Boden warf – daraus habe sich die erste Teestaude entwickelt.

Spring tea (Frühlingstee): Tee aus der ersten Pflückung des Jahres in Gebieten, in denen nicht ganzjährig gepflückt wird. Leichter und blumiger als später geerntete Tees.

Sri Lanka: siehe unter Ceylon.

Stalks (Stengel, Stiele): Tees mit Anteilen von Blattrippen und Stielen, Ergebnis einer unsorgfältigen Pflückung.

Steinthal: Kleiner Teegarten in Darjeeling, im vorigen Jahrhundert von dem deutschen Missionar Stölke angelegt. Liefert wertvolle Blatt-Tees.

Südamerika: Teeländer sind Argentinien, Brasilien und Peru. Sie produzieren vor allem Massenware, die für Mischungen verwendet wird.

Sui-Sing (Wassernymphe, auch Shui-Sen, Shuy Seen oder Suy Sien): Grüner Chinatee aus der Provinz Guangdong. Der leichte, angenehme und erfrischende Tee wird am späten Vormittag bevorzugt.

Sukiya: Der Teeraum für die japanische Teezeremonie.

Su-lan: Chinesische Teemischung aus Schwarztee und Oolong, aromatisiert mit Blüten des Sü-ho-hsiang (ebenholzähnliche Bäume und Sträucher).

Sun-Moon (Sonne-Mond): Schwarztee aus dem zentralen Hochland von Taiwan, vom Ufer des gleichnamigen Sees.

Sunny Islands: Mit Pfirsich, Mango und Zitrone aromatisierter schwarzer Tee.

Sutton: Nilgiri-Tee mit spritzigem Aroma.

Sweet Lemon: Mit Zitronenöl aromatisierter milder Chinatee.

Taiwan: Von der Insel vor der chinesischen Küste kommen grüner, schwarzer und Oolong-Tee, meist preiswerte Sorten für den Export nach USA und Japan. Die besten Sorten stammen aus dem zentralen Hochland (siehe Sun-Moon).

Tarry Lapsang Souchong: Unvermischter Rauchtee aus China oder Taiwan.

Tasse: Im Sprachgebrauch des tea tasters der Aufguß für die Probe nach dem Abgießen von den Teeblättern.

Tea blender: Fachbezeichnung für den tea taster, der die Mischungen (blends) zusammenstellt.

Tea garden (Teegarten): Bezeichnung für eine Teeplantage, auch mit großer Anbaufläche, eigenem Verarbeitungsbetrieb und Transportmitteln. Als Tea garden wurden früher aber auch in England und den USA Gartenrestaurants mit Teeausschank bezeichnet.

Tea races (Teerennen): Die Wettfahrten der Teeklipper mit Tee der neuen Ernte von Ostasien nach England.

Tea shop (Teeladen): Früher in England ein Geschäft für fertig abgepackten Tee, in dem man auch Tee trinken konnte.

Tea taster (Teeprüfer, Teeverkoster): Der im Auftrag großer Teeproduzenten oder -handelshäuser arbeitende Fachmann stuft Teeproben nach Qualitätsmerkmalen ein und stellt nach dem Ergebnis der Prüfung oft auch Mischungen zusammen.

Tea time (Teezeit): Die traditionelle britische Teepause, wird auch unter schwierigen Umständen eingehalten. Zum Tee gibt es Gebäck oder einen leichten Imbiß. Die Sitte der Teepause ist als wirtschaftsgefährdend in England oft angegriffen worden; ein Lordkanzler verlangte ein Gesetz, nach dem der Teegenuß auf die „höheren Gesellschaftskreise" beschränkt werden sollte.

Tee Goon Yum (Eiserne Göttin der Barmherzigkeit, auch Iron Kwan Yin, Tit Koon Yum oder Tweet Gwoon Yum): Schwarzer Chinatee aus Fujian und Amoy. Dick und füllig, mit exquisitem Duft. Wird in kleinen Mengen getrunken, wie guter Cognac.

Teehäuser: In China und Japan Etablissements, die unseren Kaffeehäusern vergleichbar sind. Während der Chinabegeisterung im Barock legten sich viele europäische Fürsten in ihren Parks Teehäuser an. Beispiele dafür sind das Teezimmer in der Pagodenburg des Nymphenburger Schlosses in München und das Chinesische Teehaus Friedrichs des Großen in Sanssouci.

Teenkai: Chinesischer Teedistrikt, der edelsten grünen Tee hervorbringt.

Teesta Valley: Bekannter Teegarten im Osten Darjeelings mit Blick auf Bhutan und China. In erster Linie werden Blatt-Tees aus Chinapflanzen erzeugt.

Tein: Anregender Bestandteil des Tees, gleichbedeutend mit dem Koffein des Kaffees, chemisch: Trimethyloxypurin. Tein fördert die Konzentrations- und Reaktionsfähigkeit. Beim Teeaufguß wird das Tein zuerst frei. Wer frisch bleiben will, läßt seinen Tee deshalb nur 2 1/2 bis 3 1/2 Minuten ziehen. Längeres Ziehenlassen setzt verstärkt Gerbsäure und Bitterstoffe frei, die auf Magen und Darm beruhigend wirken.

Teoke: Hölzerner Wasserkübel, aus dem die Japaner zu

Beginn der Teezeremonie Wasser zum Abspülen der Hände schöpfen. Oft wird dafür auch ein muldenförmig ausgehöhlter Stein (Chozubachi) verwendet. Zum Schöpfen des Wassers verwendet man eine hölzerne Schöpfkelle (Hishaku) aus Zedern- oder Zypressenholz.

Terai: Indischer Teedistrikt im Norden des Landes, Darjeeling benachbart am Fuß der Berge. Terai-Tee reicht nicht ganz an Darjeelingtee heran, wird aber oft mit diesem gemischt.

Thick (dick): Extraktreicher Teeaufguß mit vielen löslichen Feststoffen.

Thin: (dünn): Extraktschwacher Teeaufguß.

Tibet: Von China annektiertes Land im Westen der Volksrepublik, starker Teeverbraucher. In Tibet wird Ziegeltee (Brick tea) bevorzugt, der mit einer Reibe zerkleinert, aufgekocht und oft mit Yakbutter von Hochlandrindern verfeinert wird.

Tin kuan yin: Halbfermentierter Chinatee mit mildem Aufguß, andere Bezeichnung für Sechung Oolong.

Tip: Mit zarten Härchen besetztes Hüllblatt der Tee-Blattknospe, im schwarzen Tee als goldgelber Bestandteil erkennbar. Tippy teas enthalten einen hohen Anteil an Tips.

Tippy Golden Flowery Orange Pekoe (TGFOP): In Indien zweiter Sortierungsgrad für Blatt-Tee.

Tired (müde, erschöpft): Überalterter Tee, meist falsch verpackt oder unsachgemäß gelagert. Kann auch von alten, ausgelaugten Sträuchern stammen.

Toter Tee: Trüber Aufguß von minderer Qualität.

Tschainik: Russische Bezeichnung für einen Teekessel.

Türkei: In Ostanatolien wird seit 1924 Tee angebaut. Türkischer Tee ist schwarz und liefert einen schwachen Aufguß. Er wird nur in geringem Umfang exportiert.

Tukdah: Teegarten der ersten Kategorie im Nordosten von Darjeeling, liefert vorwiegend Blatt-Tees.

Tukvar: Großer Teegarten in Darjeeling, für seine Aufgeschlossenheit gegenüber technischen Neuerungen bekannt. Mit der Mechanisierung der Teebearbeitung wurde schon 1872 begonnen.

Tungsha: Chinesischer Teegarten auf der Insel Hainan im Golf von Tonkin. Wird als Musterplantage betrieben, um Erfahrungen für die Umstellung chinesischer Kleinbetriebe auf moderne Teeplantagen zu gewinnen.

Uji: Japanische Stadt, Mittelpunkt eines bekannten Teeanbaugebietes für erstklassige Qualitäten.

Uneven (ungleich): Unsorgfältig verarbeiteter Tee, schlecht sortiertes Blattgut, ungleichmäßig gerollte Blätter usw. – ergibt einen in der Qualität stark beeinträchtigten Tee.

Uva: Teedistrikt an der Ostseite des ceylonesischen Zentralmassivs in Höhenlagen zwischen 1300 und 2000 Meter, produziert feinwürzige, hocharomatische Teesorten. Die besten Qualitäten werden im Sommer gepflückt. Erntezeit ist das ganze Jahr über.

Vanille-Tee: Mit Vanille aus Madagaskar aromatisierter Tee.

Vietnam: Der seit 1825 beurkundete Teeanbau hat stark unter den Kriegen gelitten und befindet sich im Wiederaufbau. Produziert werden Massentees, die meist in Mischung mit afrikanischen Sorten auf den Markt kommen.

Viridis: Bezeichnung, unter der früher aller Grüntee aus China verkauft wurde.

White tea (weißer Tee): Unfermentierter Chinatee, der nur aus Blattknospen mit weißem Flaum besteht. Die Blätter werden einzeln an der Luft getrocknet. Auch als White downy tea bezeichnet. Der Aufguß ist hell, von zartem Geschmack und doch aromatisch.

Withering (Welken): Englische Bezeichnung für das Welken der geernteten Teeblätter, die dabei durch Feuchtigkeitsverlust einschrumpfen.

Woody (holzig): Nach Gras und Heu schmeckender Tee, im allgemeinen aus der Herbsternte; auch Wild woody genannt.

Wun Mo (Wolkennebel): Berühmter chinesischer Grüntee aus der Provinz Guangxi, mit exquisitem Aroma, deshalb in kleinen Mengen wie Likör getrunken. Weil dieser Tee in höchsten Berglagen wächst, die Menschen nur selten besteigen, wurden früher, so heißt es, Affen darauf dressiert, die Blätter zu ernten und zu Tal zu bringen. Deshalb heißt der Tee auch Affentee.

Yunnan: Südchinesische Provinz, Bergland an der Grenze zu Birma und Laos. Produziert werden weiche und milde Schwarztees, die sanft rauchig schmecken. Medizinische Forschungen sprechen dem Yunnan die Eigenschaft zu, den Cholesterinspiegel im Blut zu senken.

Yunnan-Darjeeling: Aktuelle Teemischung aus kräftigen Yunnans und fruchtigen Darjeelings. Interessanter Frühstückstee.

Ziegeltee: Bitte unter Brick tea nachlesen.

Die Rezepte nach Gruppen

Soweit in den Rezepten nichts anderes vermerkt ist,
sind die Zutaten für vier Personen berechnet.

Vorspeisen

Mongolischer Tee 120
Tee-Eier 160

Warme Getränke ohne Alkohol

Indischer Gewürztee 100
Kardamom-Tee 106
Persischer Liebestrank 112
Marokkanischer Tee 118
Ostfriesischer Tee 124
Französischer Apfelpunsch 130
Schlehen-Teepunsch 144
Stärkungstee 156

Punsche, Grogs und andere warme Getränke mit Alkohol

Madrider Ananastee 78
Georgischer Bienenzüchtertee 80
Curaçao-Teegrog 96
Jagertee 102
Altenglischer Punsch 126
Brändelpunsch 128
Französischer Apfelpunsch 130
Japanischer Teepunsch 132
Kirschwasser-Eierpunsch 134
Orangenpunsch 136
Planters Punch 138
Punch français 140
Silvesterpunsch 146
Teepunsch mit braunem Kandis 148
Schottentee 150

Kalte Getränke ohne Alkohol

Eistee 98
Johannisbeertee 104
Französischer Apfelpunsch 130
Royal Tea Punch 142
Tee „Helsinki" 166

Bowlen, Cocktails und andere kalte Getränke mit Alkohol

Früchte-Teebowle 82
Teebowle mit Sommerfrüchten 84
Teecocktail mit Bananen 88
Teecocktail mit Feigen 90
Teecocktail „Trópicos furiosos" 92
Teecocktail mit Vermouth 94
Schwarzer Johannisbeer-Teeflip 152
Sekt-Tee 154
Tee-Fizz 164
Teelikör 170
Toddy 174

Süßspeisen

Kiwi-Eistee 108
Mango-Teegelee 114
Maracujatee auf Eis 116
Teecreme mit Vanilleeis 158
Tee-Eis 162
Teeparfait 172

Kuchen, Gebäck

Friesischer Butterkuchen 86
Ostfriesische Knüppeltorte 110
Neujahrskuchen 122
Englischer Teekuchen 168
Windbeutel mit Teecreme 176

Die Rezepte alphabetisch

Altenglischer Punsch 126

Brändelpunsch 128

Curaçao-Teegrog 96

Eistee 98
Englischer Teekuchen 168

Französischer Apfelpunsch 130
Friesischer Butterkuchen 86
Früchte-Teebowle 82

Georgischer Bienenzüchtertee 80

Indischer Gewürztee 100

Jagertee 102
Japanischer Teepunsch 132
Johannisbeertee 104

Kardamom-Tee 106
Kirschwasser-Eierpunsch 134
Kiwi-Eistee 108

Madrider Ananastee 78
Mango-Teegelee 114
Maracujatee auf Eis 116
Marokkanischer Tee 118
Mongolischer Tee 120

Neujahrskuchen 122

Orangenpunsch 136
Ostfriesische Knüppeltorte 110
Ostfriesischer Tee 124

Persischer Liebestrank 112
Planters Punch 138
Punch français 140

Royal Tea Punch 142

Schlehen-Teepunsch 144
Schottentee 150
Schwarzer Johannisbeer-Teeflip 152
Sekt-Tee 154
Silvesterpunsch 146
Stärkungstee 156

Teebowle mit Sommerfrüchten 84
Teecocktail mit Bananen 88
Teecocktail mit Feigen 90
Teecocktail „Trópicos furiosos“ 92
Teecocktail mit Vermouth 94
Teecreme mit Vanilleeis 158
Tee-Eier 160
Tee-Eis 162
Tee-Fizz 164
Tee „Helsinki“ 166
Teelikör 170
Teeparfait 172
Teepunsch mit braunem Kandis 148
Toddy 174

Windbeutel mit Teecreme 176

Bildquellen

Acaluso International, Blumberg/China Features, Beijing: 6, 10/11 (2), 65
Acaluso International/The Bettmann Archive, New York: 28/29 r.
Anthony, Starnberg/Hoffmann-Burchardi: 49
Bildarchiv Preußischer Kulturbesitz, Berlin: 13 (Shigemasa und Shunshô), 28 (2), 41
Bilderberg, Hamburg/Drexel: 54 o., 55 o. r., 56 (2)
Bilderberg/Francke: 48/49 l.
Bilderberg/Grames: 14/15 r., 17, 19, 38/39
Rosmarie Bosch-Burkhardt, Schwäbisch Hall: Grafiken S. 61, 62, 73
Das Deutsche Teebüro, Hamburg: 2, 33, 47, Zahlen von 1987 und 1988 für S. 61
Hans Joachim Döbbelin, Schwäbisch Gmünd: 63, 70/71 l., 74, 75, 77, 78–177
Porzellanmanufaktur Gshelj: 71
Hetjens-Museum, Düsseldorf: 68
IFA, München/Aberham: 8
IFA/Kneuer: 5
IFA/WPS: 53
Jürgens, Köln: 67
Archiv Paul Schrader & Co., Bremen: 20/21, 22, 24/25 (2, Zeichnung: T. Allom, Stich: J. Tingle), 50/51, 54 u., 55 o. l. und u., 59, 68/69 r.
Kurt Schröder, Nürnberg, und Albrecht von Tucher, Leitheim: 26
Schuster, Oberursel/Scholz: 14
Sirius Bildarchiv/Peter Wood: 45
Teehandelskontor Bremen: 34

In unserer Reihe der

Spezialitätenkochbücher

sind in gleicher Ausstattung bisher erschienen: